臺灣歷史與文化 研究輯刊

十 五 編

第 24 冊

當代臺灣歌仔戲跨文化改編與詮釋
——從《歌劇魅影》到《梨園天神桂郎君》

黃 佳 文 著

花木蘭文化事業有限公司

國家圖書館出版品預行編目資料

當代臺灣歌仔戲跨文化改編與詮釋——從《歌劇魅影》到《梨
園天神桂郎君》／黃佳文 著 — 初版 — 新北市：花木蘭文化
事業有限公司，2019〔民108〕
序2+ 目2+156 面；19×26 公分
（臺灣歷史與文化研究輯刊十五編；第24 冊）
ISBN 978-986-485-626-8（精裝）
1.戲劇文學 2.跨文化研究
733.08   108000402

臺灣歷史與文化研究輯刊
十五編　第二四冊
ISBN：978-986-485-626-8

當代臺灣歌仔戲跨文化改編與詮釋
——從《歌劇魅影》到《梨園天神桂郎君》

作　　者　黃佳文
總 編 輯　杜潔祥
副總編輯　楊嘉樂
編　　輯　許郁翎、王筑　美術編輯　陳逸婷
出　　版　花木蘭文化事業有限公司
發 行 人　高小娟
聯絡地址　235 新北市中和區中安街七二號十三樓
　　　　　電話：02-2923-1455／傳真：02-2923-1452
網　　址　http://www.huamulan.tw 信箱 hml810518@gmail.com
印　　刷　普羅文化出版廣告事業
初　　版　2019 年3 月
全書字數　134386 字
定　　價　十五編25 冊（精裝）台幣60,000 元

當代臺灣歌仔戲跨文化改編與詮釋
——從《歌劇魅影》到《梨園天神桂郎君》

黃佳文 著

作者簡介

黃佳文，現從事教職。畢業於國立東華大學中國語文學系、國立中央大學中國文學系戲曲碩士班，現就讀國立臺灣藝術大學表演藝術學院表演藝術博士班，從事戲曲研究。依於文，游於藝，曾獲教育部文藝創作獎、林園文學獎。

提　　要

　　當代臺灣戲曲屢有取材外國典律作品的跨文化改編劇作，臺灣歌仔戲循此蹊徑編創，須留意歌仔戲本質及在地文化意義，展現歌仔戲涵融多元文化及技藝的特質。法國學者帕維提出「跨文化劇場」論點，對於原著文化及標的文化的文化塑造與藝術塑造有周全的認識，方能適切從事跨文化改編與表演。本論文即援引該論點，研析《歌劇魅影》原著小說、音樂劇及電影的因襲，進而評述唐美雲歌仔戲團《梨園天神》、《梨園天神桂郎君》的改編與轉變。本論文另參佐符號學、精神分析等學說觀點，探究原著文本及改編文本中的符號承襲及其效用，藉此論證當代臺灣歌仔戲跨文化改編、表演與詮釋宜詳究原著文本的內涵旨趣與符號意義，跨文化改編的表演與研究方有佳績。

Wishing You Were Somehow Here Again
（代序）

　　2014 年 09 月 13 日，我在臺北小巨蛋觀賞第三度來臺演出的《歌劇魅影》音樂劇，當水晶吊燈隨著〈序曲〉緩緩升起，揭開了彼時故事的序幕。直至那日身臨其境，意有所感，我才真正完成我的研究。我如此認為。

　　這本論著輯改自我的碩士學位論文〈臺灣歌仔戲跨文化編演與詮釋：以《梨園天神》、《梨園天神桂郎君》為研究對象〉，在著手撰述論文的過程中，「跨文化戲曲」的論著或篇章陸續問世，也偶然地從網路書店購得了《歌劇魅影》25 週年 DVD 及其它影音作品，因緣際會，我所需要的文獻與資料一一蒐羅在側。

　　我想，冥冥之中，有音樂天使守護著。

　　偶然，或許也有著必然。

　　在我生命之初那一日，《歌劇魅影》於英國登臺首演，克莉絲汀一曲〈想念我〉（Think of Me）聲聲呼喚，透過歌聲追憶著她的感思，與音樂天使締結了不凡的情緣，與魅影共譜寫了情債。同日而生，似乎也注定我將為這部作品以及它的改編文本投入心力去研究，為愛而生，不曾悔棄。

　　我一度以為學位論文的撰述進度會阻滯不前。

　　2012 年 01 月 14 日，總統大選當日我擔任選務工作人員，閒暇時與實習輔導的婉真師傅在席間閒談，提及家變，我已忘了當時是懷著怎樣的心緒聊著，師傅勸勉我還是早日完成學位論文。人生的缺憾不知凡幾，我也該好好愛自己一回，別離昔時的依慕。

　　在此之後，向俊師提出更改題目的意向，當時我在研究室直截問道：「老師，你敢簽嗎？」得來一句「你敢交，我就敢簽」的答覆。我無法確知那時俊師抱持著什麼樣的想法，是隨口說出，抑或意有所指，我只明瞭自己重新正視人生的種種課題。

　　俊師的弟子眾多，我是較不起眼的一位，承蒙青睞，推薦出版我的學位論文，重新修訂仍使我遲疑難決，延宕許久，今以「當代臺灣歌仔戲跨文化改編與詮釋——從《歌劇魅影》到《梨園天神桂郎君》」題名出版，冀望能凸顯我對於當代臺灣戲曲研究的關注。

　　本次修訂主要有三個變革：其一，調整章節架構，將原來的學位論文前三章整併，刪削、精簡諸多內容，部分內容則調整至結論以求首尾連貫，但不免有頭重腳輕之慮。其二，增續 2012 至 2016 年間的跨文化改編曲作品，以及 2018 年前的時事景況。其三，為求行文通順，交稿、一校、二校皆審慎勘誤並修飾語句。

　　這本專著得以問世，感謝者眾。

　　感謝李國俊教授的指教與提攜，石光生、李元皓兩位教授在口試時的評核與提點，我的論述才顯周全。感恩昔時於東華大學多方請益的游宗蓉、許子漢教授，引導我邁向戲曲研究的徑途才有今日小成。亦在此向花木蘭文化事業有限公司杜潔祥總編輯以及許郁翎、王筑、陳逸婷三位編輯的付出致意，文化事業難為卻是大有可為。

　　謹以此書獻給疼惜我的家人，人間、天上，不思量、自難忘。

目次

第一章　緒　論

　　「合歌舞以代言演故事」的戲曲表演傳承至今已歷時數百年，蛻變爲各地方劇種仍演出不輟，我們得以坐在廟埕廣場或現代劇院欣賞戲曲劇作，在數位資訊領航的時代亦可觀賞經過華美後製的戲曲影音。近年來，臺灣戲曲的發展愈趨精緻，屢有創發，諸多劇團推出年度大戲，在承襲傳統與開創新局上恪盡心力。

　　臺灣承襲漢文化的傳統，源自廣袤中土的崑劇、京劇、豫劇、越劇等劇種來臺根植拓土，本土的歌仔戲、客家戲亦耘植有成，各劇種的發展或有興衰，劇團的營運、劇種命脈的維繫大爲不易，既有的戲曲題材漸被視爲陳腔舊調，如何推陳出新，製作出老少世代皆宜的劇作，延緩、阻過戲曲表演衰歇的局勢著實是當務之急。

第一節　臺灣歌仔戲之傳唱與演進

　　臺灣戲曲發展歷經清代、日治及戰後等政局變遷，適應劇場藝術觀念的西化、現代化。1970 年代，許多現代劇院的建設與落成，提供了愈來愈多的表演空間供劇團使用，也引入現代劇場技術而使得戲曲表演產生轉變而有邁向現代化的趨勢。

一、臺灣戲曲現代化

　　現代劇場的演出制度及其技術漸爲民眾接受，也改變了臺灣的劇場文化，吸引傳統戲曲調整原有演出風格而登上「大雅之堂」。傳統戲曲在現代劇

場的展演，實可追溯自 1970 年代。茲節錄林鶴宜《臺灣戲劇史》所言：

> 民國 67 年（1978），在俞大綱的鼓勵下，郭小莊成立了「雅音小集」。
> 她首先將「雅音」的演出，從老舊的國軍文藝中心（民國 54 年起成
> 爲三軍演京劇的固定場所），搬進了當時最正式的現代化劇場國父紀
> 念館。……一開始，郭小莊只是著眼於開拓京劇新觀眾。在找尋觀
> 眾能夠接受的舞臺新畫面、表演新方式和新編戲趣味性的過程中，
> 卻漸漸將臺灣的京劇推向了轉型。〔註1〕

　　臺灣戲曲現代化的進展，當以「雅音小集」的開創作爲轉捩點。「雅音小
集」登上現代劇場，不僅只是表演場域的轉移，連帶表演的形式與技術也有
所轉變，觀眾亦得調適原有的審美觀念。這樣的轉變促使戲曲表演朝向現代
化發展，從形式的演進到內涵的深究，皆有不小的突破。

　　王安祈《當代戲曲》一書歸納了雅音小集的革新創發對臺灣戲曲界的開
創性，從戲曲製作方式、戲曲文化、劇壇生態等方面得出數點影響，製表呈
現如下：

表 1-1　「雅音小集」對臺灣戲曲現代化之影響

對戲曲製作方式的影響	對戲曲文化的影響	對劇壇生態的影響
1. 首先將傳統戲曲帶入現代劇場。 2. 首先引進戲曲導演觀念。 3. 首先聘請專業劇場工作者設計戲曲舞臺美術、擴大戲曲創作群。 4. 首開國樂團（民樂）與戲曲文武場合作之先例。	1. 京劇身分性格轉換。〔註2〕 2. 戲曲審美觀改變。〔註3〕 3. 戲曲評論範圍擴大。〔註4〕	1. 主動深入校園宣導，善用傳播媒體行銷、宣傳。 2. 影響同時期軍中劇隊演出風格，亦帶動其他劇種（如歌仔戲）進入現代劇場製作。

〔註1〕　林鶴宜：《臺灣戲劇史》（增修版）（臺北：國立臺灣大學出版中心，2015 年
　　　　02 月初版），頁 285～286。
〔註2〕　使京劇由「『前一時代大眾娛樂在現今的殘存』轉型爲『當代新興精緻藝術』」，
　　　　此一性格的轉型使京劇觀眾由「傳統戲迷」擴大至「藝文界人士、青年知識
　　　　分子」。
〔註3〕　京劇與當代各類藝術之間變得關係密切，當代的戲劇（包括電視、電影、舞
　　　　臺劇等）開始逐步滲入京劇，京劇的「純度」開始減弱，傳統的表演技藝已
　　　　不是劇評的標準，觀眾對戲的要求已明確地由「曲」而放大到「戲」的全部。
〔註4〕　傳統與現代的結合引發藝文界廣泛關注，使戲曲的評論人由傳統戲迷擴大至
　　　　西方戲劇、現代劇場學者及藝文界人士，引發宏觀論述。

顯而易見的是，雅音小集革新京劇表演的嘗試，促使臺灣京劇轉型蛻變。須留意的是，雅音小集對於京劇的改良主要將重點放在劇本的修整、適應現代劇場形式及舞臺外在技術上，從外在形式到內涵逐步改良，所搬演的劇作仍取自傳統老戲或參考、改編其他劇種之作品，是在和緩的局勢下有所進展。京劇現代化的轉變亦影響了歌仔戲的發展，楊馥菱《臺灣歌仔戲史》即言：

> 一九七九年三月二十九日，「雅音小集」演出京劇《白蛇與許仙》，開啟臺灣傳統戲曲進入國家藝術殿堂演出之先例，而率先將國樂團以及現代劇場的專業人員引進傳統戲曲製作群之中亦是首例。此一創舉不僅激起了藝文界人士的關心與注意，更重要的是影響了歌仔戲的轉型與發展。〔註5〕

歌仔戲進入現代劇場演出的轉變首見於 1981 年。當年楊麗花應「新象國際藝術節」邀請而在國父紀念館演出《漁孃》，此次演出普遍被學界視為歌仔戲邁向現代劇場的重要標的。曾永義並據此界分出「現代劇場歌仔戲」這一類表演形式，其後林鶴宜《臺灣戲劇史》、楊馥菱《臺灣歌仔戲史》、林茂賢《歌仔戲表演型態研究》等學者及其專著皆作如是觀。

傳統戲曲初入現代劇場面臨舞臺技術設計與呈現的適應。燈光、舞臺等外在技術的轉變是觀眾顯而易見的，但內在的基底如身段、曲調乃至於劇目等內涵仍相當地傳統，尤其劇情意蘊仍不出忠孝節義、情愛惡慾，使得觀眾對於歌仔戲的賞評仍維持保守的審美觀念，換句話說，在現代劇場演出歌仔戲只是換個場域，並運用新穎的舞臺技術來展演，罕有特別與眾不同之處。

當然，戲曲現代化是漸進的，不能要求一蹴而升格為崇高的表演藝術，當時在現代劇場演出的歌仔戲仍處在適應新環境、嘗試新手法與摸索新策略的革新軌道上，而後才漸入佳境。

值得強調的是，舞臺技術的適應與發揮是可以在較短時間內應用自如的，但編劇、導演及演員是一部戲劇最主要的核心，若不能搭配、互助是不可能成就一部佳作，歌仔戲表演藝術的提升，除了邁向現代化之外，趨於精緻的進路更為重要。

〔註5〕 楊馥菱：《臺灣歌仔戲史》（臺中：晨星出版社，2002 年初版），頁 152。

二、臺灣歌仔戲邁向精緻化

曾永義於 1980 年代即關注到臺灣歌仔戲務必邁向「精緻化」，方能持續活躍於舞臺上，在其〈臺灣歌仔戲之近況及其因應之道〉一文中就提出了「精緻歌仔戲」的六大訴求：深刻不俗的主題思想、情節安排緊湊明快、排場醒目可觀、語言俏似口吻機趣橫生、音樂曲調的多元豐富性、演員技藝的精湛與學養的修為。〔註6〕其中前二項與編劇的關係最為密切，也是一部劇作優劣與否的至要關鍵。

當代臺灣歌仔戲的表演藝術既已進入精緻分工的階段，導演、編劇、演員、技術工作人員等人各司其職，合力鍛造一齣好戲，若是沒有一部好的劇本，擁有再堅強的陣容也無法通過演出打動觀眾的心，足以見得題材及其內涵左右了劇作的成敗。

1980 年代，歌仔戲在現代劇場的演出起初多半是配合政府機關的藝文推廣活動而登臺，尤以明華園戲劇團及新和興歌劇團表演機會為多，雖在現代劇場演出，卻仍以往常內臺的機關佈景、穿關砌末來呈現，演出劇目延續外臺歌仔戲風格，既不現代也缺乏特色，畢竟歌仔戲初登現代劇場，許多技術與內涵仍須摸索、試探才能加以探掘、應用。

1990 年代陸續有河洛歌子戲團、薪傳歌仔戲劇團登上現代劇場，演出場域重心隨各縣市文化中心的落成而有擴增，所運用的技術較前期的摸索階段已有進步，劇目題材也逐漸寬泛。

2000 年代，現代劇場則成為梨園必爭之地，由於各劇團的製作技術與表演內涵的提升，且致力於新編劇作，展演成果遂不可與往日同語。

2010 年代，大稻埕戲苑、臺中國家歌劇院、臺灣戲曲中心、衛武營國家藝術文化中心陸續落成、啟用，臺灣北、中、南部皆有新穎表演場域，提供更多戲曲劇作登臺的空間，也提供較前衛、具實驗性質的戲曲作品有其發表的機會。

歌仔戲在現代劇場的場域演出，配合編劇、導演等專業技術人員的協助，對於燈光、音效、音樂與舞臺等設計有別於傳統內臺的展演，不僅如此，劇團的經營還必須跳脫傳統班社的手法，以企業管理與品牌行銷的經營策略來提升製作水準，換句話說，歌仔戲在這波現代化與精緻化的浪潮下，吸取外

〔註6〕 曾永義：〈臺灣歌仔戲之近況及其因應之道〉，《海峽兩岸歌仔戲學術研討會論文集》，（臺北：行政院文建會，1996 年），頁 11。

國經驗（尤其側重劇場藝術與經營管理），調適聲光技術以充實表演內容，以蛻變之姿再顯風華。

　　現代化與精緻化的訴求，也促使歌仔戲在內容本質上有所改變，過往以演員為中心漸變為編、導、演並重的局面，更加重視團隊分工合作。〔註7〕戲曲的表演體制從演員為中心，過渡到以劇本為基礎，導演為核心，演員為載體的合作方式，強調編劇、導演、演員同等重要的地位，共同提煉出戲曲的藝術趣味。在現代劇場演出的歌仔戲，正是以此合作模式協力製作。

　　戲曲的傳承與創新是每一劇種、各個劇團致力的目標，尤其現代的休閒娛樂選擇繁多，當每個劇團賣力地推廣、宣傳時，背後實有劇團解散、劇種消頹的危機意識，適度的壓力有益劇團、劇種的精進與提升，但我們仍擔憂傳統戲曲的大去之日不遠矣。誠如曾永義所言：

> 優美的戲曲藝術，由於時代變遷，難免受到新媒體、新藝術、新理念的衝擊，逐漸喪失昔日的光華；對於新時代的人們，更逐漸減弱其吸引力。而如果欲挽救其頹勢，使之再度融入現代人生活之中，自須講求因應之道。鄙意以為：「扎根傳統以創新」為不二法門。為了「扎根傳統」，首先就必須弄清楚「傳統」適應現代之利弊得失，從而取其利與得為基礎，在結合現代正確理念與技法，以調適現代劇場，自能產生適應當代品味之新戲曲。而若論其切入之手法，自以戲曲本質及其所衍生之質性為前提，從而定其因應之道。〔註8〕

此一「承傳統、創新局」的理念，已成為當代戲曲界致力實踐的目標與策略，傳統戲曲有其優勢、也有其限制，如何將限制的影響降到最低，大大發揮它的優勢，是當前最關鍵的要點。歌仔戲向其他劇種取法、學習，也承

〔註7〕　在現代劇場的展演有賴精密分工的組織加以協助，可粗分製作群與演出群兩類，製作群如製作人、藝術總監、各類顧問、導演、編劇、編曲、文／武場領導及樂師等各類設計專才、劇務與宣傳等成員。各劇團考量其人力資源而在配置上有所增減。演出群以演員、舞者及樂團為主。由於製作群、演出群食指浩繁，推出一檔大戲耗費甚鉅，非同小可。此外，製作群或演出群的編制並沒有完全固定，臨時組織完全視劇團所需而安排，多半與長期合作的團隊、單位協力。可參閱林茂賢：《歌仔戲表演型態研究》（臺北：前衛出版社，2006年初版），頁308～319。

〔註8〕　曾永義：〈戲曲在當代因應之道〉，《戲曲之雅俗、折子、流派》，頁598。（原載於國立臺灣戲曲學院《二〇〇七年戲曲國際學術研討會：戲曲在當代因應之道論文集》，頁4～25。）

襲了其它戲曲的本質，但在轉型進化過程中有所變質，也因此現今的歌仔戲不能全以傳統戲曲本質爲依準。

　　歌仔戲的從藝人員在充滿變數的時局中爲求生存而不斷嘗試以新風貌面世，這也使得臺灣歌仔戲兼有古路與新變的表演型態與發展進路。隨劇藝的現代化、文化的多元化，臺灣歌仔戲在全球化的衝擊下也求新求變，催生出跨文化改編與表演的策略，進一步述及臺灣歌仔戲跨文化改編的實踐情形之前，必然要先縱觀臺灣歌仔戲的源由、發展與現況，認識它如何邁向現代的演化歷練與進化革新，又是如何循精緻化的步調而推陳出新，乃至跨越文化的藩籬，向外國文本取經改編成本土劇作。

第二節　臺灣歌仔戲本質的再商榷

　　戲曲藝術源遠流長，綜合了多元的文藝表演而成，具有深廣的審美意趣。戲曲較之歌劇、音樂劇毫不遜色，其他類型的戲劇難以與之比擬，正是因爲戲曲有與外國戲劇不同的表演技藝與內涵，並形塑出承襲數百年的本質。

　　臺灣歌仔戲的源起與發展受到中國戲曲的影響，然而對於歌仔戲而言，是否與眾多中國地方戲曲的本質相同，抑或「叛逆」地走自己的路徑呢？我想，我們得先確認基域，釐清傳統戲曲的本質再作述論。

一、戲曲的本質

　　中國戲曲藝術經過歷代的演變，由小戲過渡到大戲，在唐、宋以後發展出較具規模的表演型態，如唐代參軍戲、宋雜劇、金院本、戲文、雜劇與傳奇，乃至清代各地聲腔劇種並起，中國戲曲的發展依循相承的脈絡，形成綜合文學與藝術的表演。

　　曾永義在《戲曲本質與腔調新探》一書中，首論〈戲曲的本質〉，依憑其涉獵的專著，〔註9〕歸納「戲曲」爲綜合多項技藝而成的表演藝術，並兼具文

〔註9〕　曾永義歸結多人著作後闡揚己論，以下列出其所參閱之書籍，可供研讀：張贛生《中國戲曲藝術》、阿甲〈談平劇藝術的基本特點及其相互關係〉、張庚〈漫談戲曲的表演體系問題〉、黃克保〈戲曲舞臺風格〉、祝肇年《古典戲曲編劇六論》、韓幼德《戲曲表演美學探索》、張庚、郭漢城《中國戲曲通論》、曹其敏《戲劇美學》、吳毓華《古代戲曲美學史》、周育德《中國戲曲文化》、沈達人《戲曲的美學品格》、陳多《戲曲美學》、路應昆《戲曲藝術論》、呂效平《戲曲本質論》、董健、馬俊山《戲劇十五講》、劉文峰《中國戲曲文化史》。

學的意義與價值，其美學基礎建立在歌（歌詞演唱）、舞（肢體動作與身段）、樂（曲調唱腔與伴奏）及劇場環境之上，在場上同時運用唱腔和身段來詮釋歌詞的意境，彼此密切結合，譜就完整的演出。

在戲曲表演方面，曾永義提出虛擬（身段動作以虛擬實）、象徵（透過具體事物引發特殊意涵、以實喻虛）與程式這三項原理。虛擬、象徵的運用和呈現大抵不出腳色、容妝、服飾、砌末、音樂、賓白和科介，並透過程式以規範、制約「虛擬」和「象徵」這兩項寫意的模式，「程式」便是憑藉表演者所累積的經驗而創生，但具有改良發展的空間，可作為從傳統中創新的基礎。不但如此，戲曲藝術還充份彰顯了歌舞性、節奏性、寫意性、誇張性與疏離且投入性等性質。〔註10〕

以上所述之戲曲本質，即展現於明、清兩代相繼盛行的崑劇、京劇。其中屬於板腔體、詩贊系的京劇對於中國地方戲曲的影響極為廣大，甚至在近、現代扮演「輔導」其它劇種的角色，直接或間接地影響其他劇種的表演藝術型態。〔註 11〕這些在中華人民共和國政府強力介入而指導輸出的劇種，雖然使得各地方戲曲之劇藝有所「精進」，但也失去該劇種既有的特色與性質，原本詼諧俚俗的表演登上大雅之堂難免有所扞格，且使得原有的多樣化劇場環境日漸消失，也減損了表演藝術的多樣性。政策的施行雖能締造「推陳出新，百花齊放」的榮景，卻因制式化而減損了地方劇種發展的活力。〔註12〕

關注臺灣歌仔戲的發展過程，少了政府強力主導而放任其自立更生，歌仔戲在發展過程中確實也向京劇、北管戲等劇種靠攏，學習其技藝、效法其容妝、搬演其劇目，只差沒有改弦易轍，在保有歌仔的聲腔曲調前提下，取法、承襲了其它劇種的表演藝術。但出身自鄉野小戲的歌仔戲，若全部仿製其身段、功法、劇目乃至於服裝、砌末，豈非方言版的京劇、北管戲，那又有何特色？可以確定的是，歌仔戲四處取經學藝，宛如置身江湖的武俠人物，接觸各門各派的武功心法而獨步於世，也在臺灣的文藝環境闖盪，與其它表

〔註10〕 曾永義：〈戲曲的本質〉，《戲曲本質與腔調新探》（臺北：國家出版社，2007年 07 月初版），頁 31～79。

〔註11〕 尤其在中國「戲曲改革」的權力操作下達到百花齊放，催生了新劇種（如河北唐劇、甘肅隴劇、江蘇丹劇等三十四種）或輔導小戲轉型為大戲（如吉林吉劇、四川花燈戲等）。

〔註12〕 林鶴宜：〈政治與戲曲──一九五〇年代「戲曲改革」對中國地方戲曲劇種體質的訂製及影響〉，《從戲曲批評到理論建構》（臺北：國家出版社，2011 年09 月初版），頁 261～304。

演藝術爭鋒。

二、歌仔戲本質的形塑與確立

歌仔戲自小戲過渡到大戲之後，吸收了京劇、南管、北管等戲曲技藝，無論在腳色劃分、容妝扮相、砌末運用、音樂伴奏等內涵都予以襲取並在歌仔調與俚俗表演的基礎上，蛻化成具備獨特風格的劇種。

但我們若要溯及歌仔戲的戲曲本質，卻有一個問題需要面對：當眾多學者、藝人紛紛提出歌仔戲要承襲傳統以開創新局時，不禁要問歌仔戲的傳統為何？

歌仔戲自發展以來，效仿、吸收劇藝的範圍極為廣博，在身段動作及表演程式上，尤以京劇為重，但慣用的曲調又仿習、轉化自北管與南管，不僅如此，在日治時期又為了因應政府的控管而以「胡撇仔戲」面貌見世，此時期也吸收了新劇的表演模式，部分象徵虛擬的程式規範則化虛為實。歌仔戲在發展過程中，樹立其別無僅有的獨特性，躋身舞臺而延續至今。

戰後臺灣歌仔戲團林立，往返於內臺與外臺兩方場域，歌仔戲在逐漸現代化的社會，嚐到了現代化轉型的滋味，唱片、廣播、電影、電視等媒介的傳播，讓歌仔戲發展徑路漸廣，表演也起了變化，整體已非傳統戲曲所秉持的本質了。

如果我們要問歌仔戲的「傳統」為何，必然得先回顧、比較它與傳統戲曲的本質異同，若以崑劇、京劇兩種資深的劇種為典型進行比較，不難發現，歌仔戲宛如離家打拚的青少年，因為缺乏賴以維生的一技之長而四處學藝，集「綜藝」於一身再自立門戶，保有年少輕狂的浪漫幻想與奇情，並充分顯現於所演的劇作內容，不僅如此，對於現代科技也躍躍欲試，善用錄音進行演出外，還透過多項傳播媒介進行展演，勇於嘗新也致力跨界的發展，1950年代以後，許多演員甚至兼演新劇、電影或電視劇，除了歌仔調之外也唱起時代金曲。此外，歌仔戲在外臺展演時更賣力追求聲光刺激，電子琴、爵士鼓的聲響甚至取替傳統文武場，噴乾冰、冒火花、吐血等效果無所不用其極，在舞臺上唱起〈望春風〉、〈燒肉粽〉等歌曲更是眩人耳目。

這樣看來，歌仔戲歷經長年發展之後，能闖出另一條生涯道途，並且透過多項媒體「飛入尋常百姓家」，又能結合宗教祭儀與廟會活動，鬧臺開鑼，還能在現代劇場「年度劇獻」，實不可等閒視之。

歌仔戲因為年輕，比起其他劇種而言，減省了胼手胝足的發展、演化過程，接觸甚廣、學習甚多，但值得疑慮的是，歌仔戲欲振翅高飛的羽翼是否真的已夠成熟，且足以翔空凌霄？

迅速投入多樣媒介，雖然接觸了現代科技及新的戲劇表現手法，但多少也流失了原本奠定的基礎。舉例來說，歌仔戲的武戲多半只是虛晃幾招，套招的感覺非常明顯，演員們的功夫有欠紮實。〔註13〕另外，有時又因服裝設計緣故，阻礙了劇藝的展現，過長的裙裝、沒有水袖的戲服、沉重的頭飾等裝扮都妨礙了演員功底的展現。

種種新觀念與經驗導致現今許多作品並未能烘托演員的好功夫，而按照定稿的劇本進行演出也無法展現演員的「好腹內」，如此看來，歌仔戲的發展雖然迅捷，但也失落了不少原有本質。但換個角度來看，歌仔戲自生成以後，本來就是揉合多元文化而存續著，循母土的環境而變異，在眾聲喧嘩的時空裡扎根有聲。

我想，歌仔戲的傳統得放下成見，歌仔戲有其特色，種種本質並不能完全仿照崑劇、京劇或其他古老劇種，若維持相同的身段功法，豈不成了歌仔調的京劇或崑劇？〔註14〕誠如謝筱玫所言：「傳統」應當視所有藝術的養分與資源，一旦成為包袱未免太過沉重了。〔註15〕

第三節　西風東漸──歌仔戲劇本之編創新徑

戲曲劇目來源大抵不出「縱向繼承」（歷時性）與「橫向移植」（共時性）兩種徑路。

「縱向繼承」可上溯自宋、元、明、清傳衍以來的諸宮調、雜劇、傳奇劇作，直至清代花雅之爭階段，地方聲腔劇種崛起，其劇目來源涵納了早先的雜劇、傳奇的故事或題材，如《西廂記》、《王魁》等作品，在後世仍演出

〔註13〕亦有可能是非科班出身的臨時演員登臺演出而不諳武功，而且歌仔戲向來著墨在小生小旦的愛情故事，注重文戲的展演，武戲的戲份則被忽略。外臺演出更受限於外臺空間狹窄、演員須手持麥克風演唱等因素，能施展的武功更是被大幅削弱。

〔註14〕同樣的問題也出現在客家戲上，這種幾乎完全效仿的模式，使得今日的客家戲倒像是說客家話的歌仔戲或是京劇。

〔註15〕謝筱玫：〈胡撇仔及其歷史源由〉，《中外文學》（第31卷第1期，2002年06月），頁171。

不輟;「橫向移植」則是沿襲其他劇種的劇作或題材,間接改編而成,如前述之戲《王魁》自宋元時期登上舞臺,而其故事經過流播,諸多地方戲也有了類似的劇作,如豫劇、歌仔戲等皆有《王魁負桂英》這部戲流傳於世。

中國古典戲曲歷經長年的發展、成熟,開枝散葉生成地方戲曲,流傳了萬千劇作,這些劇作或許移植其它劇種而來,或許是原劇修整、改編。曾永義即明指:

> 中國戲曲的取材,始終跳不出歷史故事和傳說故事的範圍,作者很少專為戲曲而憑空結撰、獨運機杼。甚至於同一故事,作而又作,不惜重翻舊案,蹈襲前人。……宋元戲沿襲宋雜劇、元雜劇沿襲宋元戲、明傳奇復取材南戲北劇、清代皮黃更從元雜劇、明傳奇而改編。其間雖因襲之外,仍有創新,但究竟不易脫略前人窠臼,尤其缺乏時代意義。」〔註16〕

由此觀之,戲曲的編創相當重視時代意義,企圖與觀眾產生共鳴、呼應。戲曲歷經數百年的發展,早已積累了豐碩的劇目,但多數劇作已無緣再現於舞臺,而流轉於地方戲曲的作品,也只有少數幾部能屢現江湖。〔註17〕

一、臺灣歌仔戲劇目概覽

當前歌仔戲演出可概分為傳統老戲和新編戲兩大類,兩類所採納的題材有所重疊,其來源大抵不出史傳、民間文學,或是移植自其它劇種的劇目。

近年來,各大歌仔戲劇團盛行新編戲,編劇意識到舊有題材在精神旨趣與思想內涵上的限囿,因此修整舊作,重新賦予時代意義,如黃香蓮歌仔戲團《青天難斷》、明珠女子歌劇團《竇娥冤》、薪傳歌仔戲劇團《花木蘭》、唐美雲歌仔戲團《金水橋畔》等劇,便是在傳統老戲的根柢上,賦予時代新意而重新詮釋、演出。

歌仔戲能在 1980 年代「重返內臺」,除了仰賴諸多老戲新編的重新提煉,也依靠移植改編大陸戲曲作品創造聲譽,如河洛歌子戲團推出的《曲判記》、

〔註16〕 曾永義、施德玉:《地方戲曲概論》(下冊)(臺北:三民書局股份有限公司,2011 年 11 月初版),頁 774。

〔註17〕 以京劇而言,則有「盜不完的草,坐不完的宮,起不完的解,登不完的殿」這般情況,慶幸近年來京劇愈加貼近時代、反映民眾心聲,推出了不少新編好戲。陳培仲:〈從劇場尋求答案——關於戲劇如何贏得觀眾的一點思考〉(臺北:國家出版社,2011 年 01 月初版),頁 287~295。

《天鵝宴》等作品。

除了老戲的搬演與修編外，不少劇團也嘗試編擬原創的新作，如尚和歌仔戲團《聲樓霸市》、唐美雲歌仔戲團《無情遊》、《狐公子綺譚》及悟遠劇坊《玄武雙驕》等劇作即不受時空背景限制，得以讓編、導自由發揮。

此外，近幾年編創題材也有不少反映了臺灣史地與社會文化的作品，如陳美雲歌仔戲團《刺桐花開》、一心歌劇團《烽火英雄劉銘傳》、尚和歌仔戲團」《巴冷公主》、明華園戲劇團《鴨母王》、河洛歌子戲團《竹塹林占梅——潛園故事》、秀琴歌劇團《安平追想曲》、臺灣歌仔戲班《郭懷一》、明華園玄字戲劇團《刺桐花之戰》等劇，以臺灣的史地時空為背景，敘述這片土地上的故事。

當前戲曲表演的整體提升實有賴於劇本內涵的成長。諸多劇作家致力於劇本編撰，不外乎原創、改編兩大途徑。

二、「改編」的界義

編劇在起筆之初，即面臨戲曲題材的選擇、取捨，對於劇作的精神意識、思想內涵有所感悟，再編擬結構、佈局情節、製造衝突，戲劇的選材、取材顯得格外重要，坊間多部專著在談述編劇時，也側重題材的選擇與處理此一問題。〔註 18〕在劇本編寫上或可約略分成「原創」與「改編」兩類手法，不過這兩類手法的界義在學者間卻有不同的見解，勢必得先釐清「新編」、「原創」、「改編」，以求名正言順。

就上述三名詞，沈惠如認為「新編」原是指 1949 年中共「戲曲改革」運動中的創新劇目，因此只要是此時期以後完全重新編寫、大幅修編舊作、賦予時代新意的作品皆屬之。「原創」則是將尚未成為戲曲作品的戲曲題材，或已經略具組織規模的神話、傳說、民間故事、小說甚至社會事件，觸發、編為戲劇，也就是戲曲中的新創劇目，即為原創劇作。「改編」即根據已經成為戲曲形式的傳統劇目進行整編、修編、縮編、移植、再創造。〔註 19〕

然而前文在「原創」與「改編」的定義與解釋並不周全。沈惠如認為在

〔註 18〕可進一步參閱范鈞宏：《戲曲編劇技巧淺論》（北京：中國戲劇出版社，1984年）、陳亞先：《戲曲編劇淺談》（臺北：文津出版社，1999年）、鄭懷興：《戲曲編劇理論與實踐》（臺北：文津出版社，2000年）等專著。

〔註 19〕沈惠如：《從原創到改編：戲曲編劇的多重對話》（臺北：國家出版社，2006年 05 月初版），頁 58～60。

所屬劇種中沒有前例的劇作,是戲曲中的新創劇目即屬於「原創」劇作,但這樣的認定實過於寬泛。

從傳統媒材(前述之神話、傳說、小說等)加以編寫,沈惠如不視為「改編」而界定為「原創」,筆者則認為不妥。以《西廂記》為例,其本事源自元稹〈鶯鶯傳〉(〈會真記〉),王實甫據此事改編為《西廂記》雜劇,最初的靈感和題材來源並非出自王實甫,列為「原創」劇作並不妥貼。不容否認的是,「原創」與否實在很難界定,尤其中國古典小說與戲曲之間,互相因襲、影響,舉凡《三國演義》、《水滸傳》、《西遊記》與《紅樓夢》等小說名著都有相關的劇作,「原創」與「改編」之間的界線著實難以分曉。

但是沈惠如認為「原創」是指「尚未成為戲曲作品的戲曲題材,或已經略具組織規模的神話、傳說、民間故事、小說甚至社會事件,並不是真的完全沒有任何蛛絲馬跡。」將「原創」界定為「戲曲中的新創劇目」,「改編」則是「根據已經成為戲曲形式的傳統劇目進行整編、修編、縮編、移植、再創造等。」就此二者觀之,沈惠如認為「原創」的戲曲取材自先前的文本而成,而「改編」則限定在劇作本身的調整,如此看來有失周全。〔註20〕

李祥林則認為「原創」是直接使用生活的素材,提煉加工後,按照作者的意圖加以組織、構成,是由生活而藝術的直接創作。「改編」則是利用已有作品加以改造,題材來源也許是一首詩、一篇文章,然後在原作的基礎上再度創作,並舉越劇《孔雀東南飛》源自古詩〈孔雀東南飛〉、新編目連傳奇《劉氏四娘》改編自傳統戲《目連救母》為例,認為改編對象的原作有「戲劇作品」和「非戲劇作品」的分別。〔註21〕

就所舉兩位學者所論而言,沈惠如放寬了「原創」的準則,只要利用一些既存的「線索」改編成首部戲曲作品即可視之為原創,將「改編」視為整編、修編、縮編、移植、再創造不同程度的調整。李祥林則認為「改編」必有所本,只是題材來源有些已經被編為劇作了,有些仍只是一些「線索」而不成劇。

我對於「原創」與「改編」的命名與定義傾向於李祥林的說法,係因沈惠如所論將「原創」的限制與範圍擴張,會使原著作者及其作品「坐立難安」。

〔註20〕沈惠如:《從原創到改編:戲曲編劇的多重對話》(前引書),頁58~59。
〔註21〕李祥林:《中國戲曲的多維審視和當代思考》(成都:四川出版集團巴蜀書社,2010年12月初版),頁124~125。

在此不妨舉例言之，如果有心人士取材自《哈利波特》、《魔戒》編成戲曲，可以很自豪地說這是「原創」劇作嗎？如果真如此稱呼，想必編劇必然會遭逢質疑的聲浪與批評，畢竟原著的靈感來自於原著作者，並非後來的編劇。〔註22〕

順帶一提，當代社會如有編劇從事劇本改編，尚須遵循法律規範，劇作的改編須經由原著作者簽立「授權改編同意書」方能進行改編。〔註23〕

我認為「原創」與「改編」的判準關鍵在於「故事」是否成立。如果已有一個明確的故事內容（包含人物、情節、時空背景等元素），不論是否已有前作加以編擬成戲曲，皆屬於改編，例如尚和歌仔戲團《巴冷公主》、明華園戲劇團《李靖斬龍》等；若沒有明確的故事內容，羅織題材、線索，將故事的劇情結構、人物刻劃、詞曲唱唸、思想內涵等內涵逐一構成，具備從無到有的創作歷程與精神則屬原創，如國立國光劇團《三個人兒兩盞燈》〔註24〕、唐美雲歌仔戲團《添燈記》、《無情遊》等作品。

但「原創」與「改編」的辨別有相當大的模糊地帶，尤其是歷史上真有其人，但其事蹟難辨真偽或流為傳說者，需要更深入地蒐集資料，進行研究後再編寫劇本，當視劇本對於人物事蹟的編擬程度再做判準。

此處論及「原創」與「改編」二詞意義，無非是為了替「跨文化改編」一詞有更周全的定義，以下將探討「改編」的方法。

三、改編之道：理解、分解、再構築

我分判「原創」、「改編」的關鍵在於「故事」（本事）及其相關的人物、事蹟存在與否。若據故事而編織成戲，或編擬自早有作者及專著的文本，當

〔註22〕此外，若從法律的觀點來看，現今影劇作品的創作徵選或發表，因涉及「著作權法」而特別注重是否為改編本，諸如金馬獎、金鐘獎都有「最佳改編劇本獎」，這些參加徵選的作品，本非戲曲或是電影，如劉梓潔〈父後七日〉散文、九把刀《那些年，我們一起追的女孩》小說改編成同名電影，都是不同媒介型態的「改編」，影劇電影的改編且須經由當事人同意後方可進行，難道戲曲就不需要嗎？

〔註23〕現今特別重視「著作權法」，許多劇本徵選之活動或文學獎，會載明「劇本如係取材自他人作品改編者，應檢附原著及著作財產權人授權改編同意書」，要求改編者檢附相關資料，確保著者權益。「著作財產權」期限為生存期另加五十年；「著作人格權」則永不消滅。

〔註24〕國光劇團《三個人兒兩盞燈》脫胎自唐代詩句「今生已過也，結取後生緣」（劇中作「相約來世緣」），將唐玄宗與梅妃、楊貴妃，以及宮女、庶幸的故事鋪排成戲。

謂之「改編」；出自不可考的題材或記錄，編之成戲者可謂「原創」。而不論
「原創」或「改編」的劇作，只要屬於不落窠臼、另起爐灶而具備時代新意、
思想內涵的劇作皆可稱之為「新編」戲。〔註25〕

　　當代所上演的劇作仍以「改編」者為多，其手法不出修編、整編、再創
作，王安祈歸類出戲曲的三種改編模式可供採用：同一版本的原劇修整、不
同版本的修編、不同劇種劇作的移植改編。近年臺灣歌仔戲的「原創」和「改
編」劇作也不少，陳玟惠曾對此表示：

> 現代劇場歌仔戲演出的劇目多而龐雜，2001 年以後，各劇團演出的
> 劇本，多針對情節結構、人物性格調整設計，在曲文唸白部分重新
> 編撰剪裁，著重主題思想的創新顛覆，不再侷限於單一的價值判斷
> 或流於傳統說教的形式，而在人性複雜面的深刻探索，傳統倫理價
> 值觀與是非標準的批判、顛覆，當今世態人情與社會現實的反映，
> 宮闈官場鬥爭浮沉的展現，臺灣本土的人文關懷等議題上多有開
> 展。按其編撰來源可分為：傳統戲曲劇本的整編、大陸戲曲劇本的
> 修編、西洋文學劇目的改寫、新編劇本的創作四類。〔註26〕

　　歌仔戲邁向現代化、精緻化後，因劇團林立，劇本佳作的需求量也大增。
本論文旨在探討跨文化改編，也正是引文所謂的「西洋文學劇目的改寫」，但
範圍不僅是西洋文學劇目，而涵蓋多樣文本與多元文化。

　　這些已然定型的劇作之所以進行改編，無非是希望修正缺陷，突出優點，
融注時代精神與思想旨趣，以豐富原劇內涵。戲曲劇作的編創，首重題材、
本事的理解與探究，而後將全劇的劇情結構、情節發展、人物刻劃、時空設
定乃至音樂考量、舞臺佈景安排等元素逐一區辨，最後則協調各元素加以統
整、構築，初步完成劇作的雛型，之後再細心審定方成定稿。身為觀眾的我
（們）無不期待能有新編戲登臺上演，也因此各劇種、劇團無不苦心製作一
檔又一檔的新編戲。

四、跨文化改編的模式與策略

　　值得一提的是，改編外國文藝典律之作已成為編創途徑新選擇，在歌仔

〔註25〕我反對沈惠如「只要是此時期（按：1949 年中共『戲曲改革』運動）以後完
　　　　全重新編寫、大幅修編舊作、賦予時代新意的作品，都是『新編戲』」的說法，
　　　　認為新編戲判定與否，與「戲曲改革」運動並無直接關聯。
〔註26〕陳玟惠：《曲韻悠揚：臺灣傳統戲曲歌仔戲》（臺北：麗文文化事業），頁 73。

戲邁向精緻化策略中，跨文化改編亦是當前部份劇作家嘗試的手法，但必須強調的是，進行跨文化改編須留意是否有適切的劇作題材可供參考，且跨文化改編的戲曲作品並不代表它相對精緻，也未必受人青睞。

什麼是好的劇作題材？好的劇作題材有什麼重要特質？爲何有大批劇目可供移植、改編？爲何蔚爲典律（canon）的西方文藝作品得以改編登臺，並揚名於世？臺灣歌仔戲除了改編，是否能夠襲取外國文藝特長再嘗試進行原創？種種疑惑值得探究，也因此成爲本文所關注、展述的論題。

跨文化戲劇相關議題討論者眾，近年來跨文化改編之劇作接連被改編登臺更爲人所重視，相關文章、評論也相當地多。承前對於「改編」一詞定義的討論，朱芳慧即認爲「改編」是對於「特定作品」的運用，此一特定作品早已經歷詮釋而定型。本文探討的跨文化戲曲，即是以外國劇作爲基礎重新編爲「戲曲」形式的創作手法。跨文化改編之戲曲則可能對情節本事、價值觀與哲學思維產生變革。〔註27〕那麼，該如何進行改編呢？

陳芳曾針對莎劇《哈姆雷特》改編成傳統戲曲的可行策略，提出情節增刪、文義格局等問題思考，並歸結出跨文化戲曲改編的三種徑路：中國化、西洋化及外語戲曲演出。〔註28〕採用「中國化」的徑路者爲多，但改編的準確度和合宜性則有很大的討論空間。當代臺灣大多數劇作的跨文化改編，忽略探討臺灣文化的主體，誤將「漢文化」視爲臺灣的文化主體，實際上漢文化僅是臺灣多元文化當中的一環，陳芳所提的「中國化」徑路，此種指稱也有偏頗，對臺灣多元文化略而不談，若規避這層意識，實在很難讓人明瞭「跨文化」究竟跨得是哪裡的文化？

除了意識上的困惑外，進行跨文化改編與表演到底抱持什麼樣的考量而進行？紀蔚然在〈跨文化之正解與誤讀——臺灣劇場改編西方正典之實驗意義〉一文，以莎士比亞戲劇的編演提出了他的看法，認爲臺灣的莎劇改編老

〔註27〕朱芳慧：《跨文化戲曲改編研究》（臺北：國家出版社，2012年04月初版），頁64～65。並認爲「外國名著所處理『普遍永恆的人性』，相對於主題思想落後的我國傳統戲，借他山之石以攻己錯，從而批判傳統封建與意識形態的問題，也是劇場創作人從跨文化題材中可以汲取的。」

〔註28〕一是「中國化」改編法，即根據戲曲劇本的特點，對原著情節線、人物設置作大幅度刪削、濃縮；二是「西洋化」改編法，即概括保留原著的情節線，人名、地名均依原著，而在容量上作適度的壓縮；三是直接用英語將莎劇改編成戲曲。參閱陳芳：〈《哈姆雷》的戲曲變相〉，《「莎戲曲」：跨文化改編與演繹》（臺北：國立臺灣師範大學出版中心，2012年06月初版），頁17～18。

是在複製西方人的觀點，崇信西方人文主義的思維，改編之後的戲劇無法見聞當代臺灣的觀點，並嚴厲地提問「沒有觀點，沒有對話、撞擊與辯證，試問：要莎士比亞何用？原因總不會只是因為他很偉大，因為他很會說故事吧？如果只是如此臣服的心態，我們何須重演，甚至重讀莎劇？」〔註29〕

戲曲邁進現代化的軌道後，已有太多「中體西用」的複製品了，彷彿跨文化改編有一函數運算的模式，只要把某一部外國文本代入 $f(x)=ax+bx+cx$……就能得出一部漢文化版的跨文化劇作，函數運算過程中的a、b、c……可能是人物、服裝、音樂、佈景、道具的設定，只要轉換成漢文化的「產品」，就算是一部跨文化戲劇「商品」，那我們之所以進行跨文化的編演，所冀求的目標或用意到底為何？

石光生主張劇場文化的傳播基於一定的程序模式，並分為四類模式：

1. 外國劇團來臺，原汁原味的展演。
2. 外國戲劇文本譯成本國語文再演出。
3. 譯本改編，抽換人物、時空而融入本國劇場文化。
4. 運用原劇劇作技巧、戲劇結構、風格等，編創屬於本國的原作劇本。

〔註30〕

其中，第 2、3、4 種模式已涉及跨文化詮釋，也正與紀蔚然所言：跨文化改編與語言翻譯、文化轉譯和挪用（appropriation）有關。跨文化戲劇在第二種模式下的改編並沒有太大的變異，但有語境、文化等方面的隔閡，翻譯結果的好壞是全劇演出成敗的關鍵因素，在搬演過程中若不能體察原著的精神旨趣，難以將劇中隱含的意義演繹呈現。

譯本改編的模式涉及較多的文化轉譯和挪用，從原著改編後再進行局部修整，貼近在地文化，但對於原著與改編文本的文化差異並不多作探討，造

〔註29〕紀蔚然藉此論題進而抒發「忠於原著」此一改編策略的看法：「每個時代、每個地域，甚至每個人，對一部作品的感受都是不同的，因為所有的解讀總是受到閱聽者所處之政經物質條件所影響，正如所有的作品總是受到作者所處之政經物質條件所左右是同樣的。以上的論點淺顯易懂，應無疑義，但在面對外國經典時，臺灣的劇場工作者往往在無意識中，把自身的政經物質條件全給拋在腦後，一致追求『掌握原著的神髓』，彷彿一部作品的確蘊藏只要鍥而不捨便能挖掘出的本質意義。」紀蔚然：〈跨文化之正解與誤讀——臺灣劇場改編西方正典之實意義〉，輯錄於林鶴宜、紀蔚然主編之《眾聲喧嘩之後：臺灣現代戲劇論集》（臺北：書林出版有限公司，2008年01月初版），頁54～56。

〔註30〕整理自石光生：《跨文化劇場：傳播與詮釋》（臺北：書林出版有限公司，2008年10月初版），頁13。

成另類的疏離效果，〔註31〕但多數劇團熱衷此道，若改編得宜，不失為一部在地化的佳作。

　　第4類模式是「跨文化改編」的成熟階段，具有較為強烈的企圖與野心，也比較有實驗的精神與目標，讓在地文化與外來文化兩者交流對話，萌生新意，而改編後的劇作也表現出與原著不同的內涵元素，這樣的策略手法讓臺灣多數劇團趨之若鶩，紛紛向外國經典致敬，掀起跨文化改編風潮。

　　根據法國戲劇學者帕維（Patrice Pavis）在其編纂的《跨文化表演讀本》（*The Intercultural Performance Reader*）中，認為跨文化劇場「混合來自不同文化區域的表演傳統，而有目的地創作出一種新面貌的劇場形式，以致原先自身的形式變得無法辨認。」跨文化改編須面對兩地的政治、經濟、文化、意識形態的結合，打破文化間的藩籬，在文化差異中的局面下進行調整，融裁為貼近臺灣文化特色的劇作，甚至能賦予新時代的意義。段馨君也提出：

> 在比較跨文化劇場、多元文化劇場和文化拼貼時，首要重點在各領域的文化混合；其次是在多元文化社會中多種語言或種族團體的相互影響；第三是在本土文化中這些劇場如何擺脫種族意識，以選擇表現形式與手法。〔註32〕

　　容我舉「河洛歌子戲團」《彼岸花》來談論這項議題，這部作品在跨文化編演的策略上明顯找到自己的定位，以清代臺灣為時空背景，並將《羅密歐與茱麗葉》中的凱普雷特和蒙特鳩兩方的世仇，轉變成漳、泉原籍的仇視對立，可謂巧妙而且合情合理的轉換，該劇又將歌仔戲擅長的愛情三角戀作為主要劇情，安排得恰到好處，可惜《羅密歐與茱麗葉》的神父轉變成寺廟的和尚等細節處理得稍嫌牽強，但整體來說，《彼岸花》的改編成效頗佳，首演之後還能在2011年重登城市舞臺，在歌仔戲的新編戲中算是少例。由此可見，跨文化改編重視在地與外國兩方文化的轉變與調適，以避免鋪排出不適切的劇情，或因細節的瑕疵而讓全劇增添缺誤。

〔註31〕紀蔚然認為這種改編後的表演文本無意處理、凸顯、探討文化差異的問題，而「局部在地化」雖使觀眾貼近作品，減少不必要的疏離感覺，但又因為對文化差異的膚淺處理，導致觀眾游移在認同／投入與陌生／跳脫兩種情緒之間。可參閱紀蔚然：〈跨文化之正解與誤讀——臺灣劇場改編西方正典之實意義〉，輯錄於林鶴宜、紀蔚然主編之《眾聲喧嘩之後：臺灣現代戲劇論集》（前引書），頁58。

〔註32〕段馨君：《凝視臺灣當代劇場：女性劇場、跨文化劇場與表演工作坊》（臺北縣：Airiti Press Inc. 2010年04月初版），頁141～142。

　　或者可以說，跨文化戲曲的編演宛若一場美麗的錯誤，展演後的效果因
人而異。原著精神旨趣並不能放諸四海皆準，於是我們需要透過微調、修整、
改編等方式來演繹我們心目中的外國劇作，與當代接軌產生對話、碰撞、辯
證，但要有心理準備的是，跨文化改編是以原著名聲來進行改造的冒險，此
舉具有很大的實驗性，當代臺灣歌仔戲以跨文化編演的方式登臺演出，也是
為了開拓另一種生存的道途，只是這條路仍存在諸多考驗。

第四節　文化的內省、跨文化的視野

　　臺灣的歌仔戲與中國地方戲曲，就生成的文化背景而言可謂同源，皆屬
於漢文化圈的表演藝術，負載了漢文化的哲學思想與美學觀念。過往戲曲劇
作泰半取材自漢文化中的古典文學、傳說、史傳、講唱、民間故事，少有憑
空撰造之作，學者曾永義歸結此情況原因有三：

- 古典戲曲美學合歌舞以演故事，集中觀眾聆賞注意力。
- 古典戲曲不重視故事創新，著重關目、排場的處理，專意於文辭
  表現。
- 取材歷史、傳說，可以逃避現實，免受當朝律令迫害。〔註33〕

　　中國古典戲曲編擬的情況，也影響了地方戲曲的編演方式，多半取古本
故事梗概，配以該劇種的聲腔樂曲而成就一齣戲，且故事情節在流傳過程中
因襲運用，或移植、或改編，使得故事流傳更加廣遠，不過唱詞唸白相互仿
照難出新意。

　　歌仔戲演出題材多半仍是漢文化醞釀而生的老戲，脫離不了教忠教孝、
歷史傳說、才子佳人、玄怪神奇等類型的故事，一演再演長達多年。當然，
並非傳統老戲不好，關鍵在於故事情節中的思想內涵是否與時俱進？能否具
有別開生面的創思或批判？劇情架構與場面安排是否合情合理？諸如此類的
觀感是戲曲發展所應留意的，而不該讓陳棄觀念年復一年地再現於舞臺，否
則教忠教孝的結果可能使觀眾化育出愚忠愚孝的性格。

　　臺灣歌仔戲積累近百年的成果，不僅有豐碩的劇目，跨文化改編的劇作
漸增且漸受矚目。蔡欣欣對於歌仔戲跨文化編演的現象指出：

〔註33〕　曾永義：《中國古典戲劇的認識與欣賞》，（臺北：正中書局，1991 年 11 月初
　　　版），頁 288～289。

有鑑於外國名劇在主題意蘊與藝術手法的「經典」價值，所以歌仔
戲也嘗試以「跨文化」的方式進行採借改編……大抵在擷取原劇的
精神旨趣上，「改頭換面」將時空背景加以轉化，融入中國歷史與臺
灣社會的脈動中，或啟迪哲思以深化主題內涵，或交互思辯以透視
永恆人性，或突破行當以創新表演樣式，或挑戰語言以彰顯劇種特
色等，在各劇團的實驗與創意下，或以古裝戲、清裝戲、兒童戲、
胡撇仔戲乃至於兒童劇的形式來搬演。〔註34〕

顯而易見的是，現代戲曲更加留意主題、思想內涵、人物性格、表演的
呈現與烘托，但跨文化改編的作品須「入境隨俗」，方能編整成劇、登上舞臺。
為了讓臺灣觀眾有所適應，時空背景及文化場域的代換是必要的，但應該代
換成哪樣時空背景、哪種文化場域呢？大部份的劇作都順理成章地服膺於中
原視野的漢文化下，如初步嘗試跨文化改編的歌仔戲《欽差大臣》（1996）、《聖
劍平冤》（1997），甚至到了近年推出的《我的情人是新娘》（2011），都自然上
溯到中國領土和漢文化背景，這使得口口聲聲說歌仔戲源生於臺灣的說法，
其表現卻屢屢步上認祖歸「中」之路，讓人難以置信歌仔戲具有在地精神，
且存有多元視野或世界觀。

因政治局勢的轉變，使得臺灣戲曲的發展有別於中國。曾被日本殖民統
治、美國協防的臺灣，在 1970 年代以前深受日本、美國的影響，躋身於世界
潮流而具備現代性，〔註35〕而現代思潮的引進也使得臺灣對於文藝的發展有
著更寬廣的包容性。

臺灣歌仔戲在漢文化環境下成長，面臨生存危機而適應現代化展演的策
略，在多元文化薈萃、世界觀備受重視的時候，嘗試跨文化戲劇改編。歌仔
戲與外國文藝作品有文化上的殊異，進行跨文化改編之前，須先掌握二者的
文化、藝術背景與涵養，而改編後的成果亦須辨析其變化，才能以客觀的態

〔註34〕蔡欣欣：〈諦覽當代臺灣歌仔戲的劇藝創作〉，《臺灣歌仔戲史與演出評述》（臺
　　　　北：里仁書局，2005 年 09 月初版），頁 111～112。

〔註35〕現代性促使全球化的時代興起，由於運輸與通訊科技的進步，加速遠距離的
　　　　互動與整合，尤其有了衛星通訊以後，全球各國的信息傳遞幾乎同步；全球
　　　　化開創了多元的空間，也不再有以哪一國家為世界中心的觀點，消除世界中
　　　　央──邊陲的關係，從現代性發展出來的全球化似乎意味普遍且同質性的變
　　　　遷趨勢，為避免因這種趨勢的蔓延而減損了自有文化的特色，遂激盪了本土
　　　　化、在地化的運動思潮。可進一步參閱黃瑞祺主編：《現代性　後現代性　全
　　　　球化》（新店：左岸文化，2003 年 02 月初版）。

度來觀察臺灣歌仔戲跨文化改編的理念與表演的實踐。臺灣歌仔戲從草根性到精緻性，面臨傳統與創新兩股聲浪的拉扯，如何打造專屬品牌，建立獨樹一幟的風格，值得深思、探索。

以下將探討臺灣的文化意識，從而商榷、界定臺灣的文化環境，進而從有待商榷的文化意識與戲劇形式，論述臺灣跨文化編演的可能手法與策略，確立臺灣跨文化改編應有的識見與觀點。

一、臺灣意識與文化的纏結

面對「跨文化」此一題旨，不得不讓我內省所謂的「跨文化」究竟跨了什麼文化？而我們的文化主體究竟是什麼樣貌？

換句話說，進行跨文化改編的論述之前，必須先釐清一些糾結難瞭的處境問題，必須先自問「我（臺灣）是誰？」、「我（臺灣）的文化是什麼？」這攸關臺灣在世界政局與文化中的定位。這些問題之所以難以回覆，原因即在於自戰後困擾至今的臺灣地位問題。

從文化內涵的角度來看，臺灣自清代以後被納入中國版圖近二百年，在臺居民遙望漳、泉祖籍所代表的漢文化原鄉。自甲午戰爭以後，一紙〈馬關條約〉便將臺灣拱手讓給日本統治，在這將近五十年的統治期間，臺民也受到日本文化影響但仍不敢忘宗背祖，一心懸念對岸的政權。直到中日戰後，臺灣治權才從日本轉移到中國手上，歸化中國，再啓漢化。臺灣不論在哪一時期的「被統治」，其實都形塑出與之相應的「臺灣意識」，反映出當時的背景與文化內涵。

就黃俊傑〈論「臺灣意識」的發展及其特質〉一文所述，「臺灣意識」的發展從歷史的角度來看，可分成四個階段。我就其所論將「臺灣意識」的認同取向稍加變化呈現如下，以更顯清晰、明確：〔註36〕

（一）鄭氏、清廷統治時期──族群認同

鄭氏時期、清代由閩、粵二省移民至臺灣者眾，移民在臺定居後，保留原鄉文化，凝聚漳、泉、客等族群之意識，且這種族群意識建立在對祖籍、地方的認同上，經過風俗習慣及宗教信仰等文化的支持，使得來臺移民有深厚族群認同的臺灣意識（此時尚未有堅固的臺灣認同感，僅認同祖籍原鄉，

〔註36〕黃俊傑：《臺灣意識與臺灣文化》（臺北：國立臺灣大學出版中心，2009年03月初版）。

但因族群衝突而常有械鬥）。

（二）日治時期──文化認同

日本統治臺灣後，視同被遺棄的臺民漸凝聚出堅定的臺灣意識，此種意識建立在對於「祖國」及其漢文化的認同。臺灣總督府接連祭出同化政策、皇民化運動，目的即是為了消除漢文化，使臺民加深對於日本文化的認同感。此時期的臺灣民眾大多數在表面上迎合日本，但背地裡仍心繫祖國，民族意識高漲，文化認同的成分多過政治認同（認同漢人及漢文化，而非清廷）。此外，由於日人在臺生活明顯有階級差異，此時期在文化上的民族矛盾與政治經濟上的階級矛盾更為顯著。

（三）戰後時期──省籍情結

1945 年，中日戰爭終結，臺灣號稱「光復」實則進入了另一段不忍卒睹的經歷。中國官員接收臺灣，並沒有消緩日治時期以來的階級矛盾，在政經統治上反倒更加不平等、不自由，政府為新來後到的官員設官謀職，來臺接管的官兵素質良莠不齊頗受詬病，之後又觸發二二八事件、四六事件，1949 年 05 月 20 日，時任臺灣省主席的陳誠更宣布臺灣地區戒嚴，06 月即實施〈懲治叛亂條例〉及〈肅清匪諜條例〉（引發白色恐怖），種種事端促使「臺灣人」與「外省人」之間產生嚴重對立，糾纏出「省籍情結」。

（四）後戒嚴時期──「新臺灣人」的認同感

1987 年 07 月，臺灣地區戒嚴令解除，臺灣社會逐步走向民主、自由，原有的省籍情結因學業、工作或婚姻等關係而漸趨融合，已不再是過往水火不容的局面。步入民主、自由的臺灣人民，漸以「新臺灣人」的身份重新認同自己及己身所處的文化環境，強調臺灣的獨特與先進等特質（儘管「臺灣地位」此一問題仍曖昧不清）。〔註37〕

可以確定的是，臺灣歷經荷蘭、西班牙〔註38〕、鄭氏、清廷、日本、中

〔註37〕部份學者提出〈舊金山對日和約〉、〈中日和平條約〉只規定日本必須放棄臺灣一切權利、名義與要求，並未規定主權移轉給中國，故臺灣脫離日本統治，並未併入中國或其他國家。但此一論點備受爭議，迄今仍未有定論，且攸關臺灣人民的權利，也很難在少數人的論點中確認臺灣的地位。我提出「臺灣地位」問題意欲摘示臺灣政治認同傾向並不等同於文化上的認同傾向，不欲在本文中涉及過多政治議題，如對此議題有意深入探究可參閱相關領域學者之論著。

〔註38〕上述四個時期的分類，其實還刻意忽略了荷蘭、西班牙在臺灣的殖民治理，

國的統治，以其寬廣的包容力接納時代的殘痕，有形和無形的文化資產都使臺灣這個島嶼變得豐富多姿，雖然臺灣的文化認同與政治認同關係複雜難論，矛盾對立，但臺民對於中國所屬的漢文化產生認同，迄今仍相當深刻，從我們所接觸的儒家思想、所處的風俗習慣、所崇敬的宗教信仰等方面可見曉，因此「臺灣文化」這一名詞，其實有很深厚的漢文化內涵。但荷蘭、西班牙、日本、英國、法國、美國等國家對於臺灣文化也有深邃的影響，〔註39〕尤其隨資訊科技的發達，且臺灣位於世界重要航線上，接觸、吸收了更多來自不同國家、不同背景的文化內涵，使得臺灣成為一個文化大熔爐，臺灣文化的內容除了漢文化以外，還增添了多元文化（因曾被日本統治、美國協防臺灣等原因，又以日本和美國的文化為重）。

在此必須重申我的觀點：在談論「跨文化改編」之前，必須先確知我（們）所處的文化及其背景是什麼？並且認識、了解我（們）文化的特色、優勢與限制，再來談「跨文化改編」的具體手法才不會顯得不夠周全而舉論失措。

二、臺灣文化的多元性

泛覽過往跨文化改編的歌仔戲劇作，幾乎未能站在自己的多元文化立場來編演（其實其它劇種的部分作品也是如此）所謂的「跨文化戲曲」，沒能掌握臺灣多元文化的特質，編創出來的作品只是「漢化」的呈現，劇作的時空背景直接設定在中國，或是沒有特定安排的時空背景。前者如改編自莎士比亞《哈姆雷特》的《聖劍平冤》〔註40〕，後者則是大多數劇團所採用的方式，本論文所探討的《梨園天神》、《梨園天神桂郎君》即為顯著的例證。

當然，跨文化改編也並非要求像《彼岸花》、《欽差大臣》一樣，將故事時空設定在臺灣，是希望改編的原著文本能引起臺灣觀眾的共鳴與聯想，融入臺灣的多元文化特色，而不是外國經典來到臺灣只能「漢化」，沒有其它選擇。

但就這兩個國家殖民統治的範圍、時間對在臺居民的影響並未過於深遠，且當時移民到臺灣的人不如明、清兩代以後為多，故在此略而不論。

〔註39〕 1858年、1860年，清廷不敵兩次英法聯軍的攻勢，先後契訂〈天津條約〉、〈北京條約〉，使得臺灣開港通商，開放了淡水、雞籠（今基隆）、臺灣、打狗（今高雄）四個港口，外國商人、傳教士得以入臺，引入西洋建築、宗教、學制、音樂等有／無形文化。

〔註40〕 《聖劍平冤》由黃英雄編劇、洪秀玉歌劇團演出，故事時空背景設定在古代中土的南方小國。

　　當全世界對於多元文化紛紛發出迴響，嘗試以不同的觀點來探觸戲劇表演的形式時，我們又怎能故步自封地抱持「中體西用」的看法來進行跨文化改編，甚至準確地說，臺灣歌仔戲在嘗試跨文化改編時，要先自問三個問題：歌仔戲的本質是什麼？外來經典的特色是什麼？臺灣文化的內涵是什麼？這三個問題其實反映了跨文化改編成歌仔戲的表演藝術、戲劇結構以及精神旨趣，這也正是帕維在「沙漏理論」中，強調對原著文化的文化塑造和藝術塑造要有通盤的認識。換句話說，進行改編之前，必須設身處地了解臺灣文化及歌仔戲本質，才足以掌握、統馭改編歷程與戲劇成果。

　　此外，臺灣的多元文化顯示在我們日常語文、飲食、衣著、建築、風土民情、宗教習俗等生活習慣，各種文化別具特質，須抱持尊重差異的態度，才能讓不同的「聲音」和觀念有所交會。我們應該拋卻過往的漢原對立、閩客隔閡、省籍情結，以兼容並蓄的態度，尊重、適應臺灣島內的文化，並以開闊的態度接納外來文化。〔註 41〕臺灣是個多元文化並存的社會，這一點對於歌仔戲表演藝術而言，其實有很大的發揮空間。

　　我們不妨檢視「胡撇仔戲」的生成及其特色。歌仔戲在日治時期遭受皇民化運動的威迫，使得劇團不得不祭出對策，以「胡撇仔戲」因應日本官方的控管，身著和服、手持武士刀，將劇情內容的朝廷、官員替換成公司會社、職員即是一種「文化拼貼」（Cultural Collage）式的演出，當然這是必不得已而用之的表現手法；這種跨文化類型雖然不在意所採用文化素材的特色、意義與價值，純粹「混搭」倒也混出「胡撇仔戲」這樣的名堂。

　　「文化拼貼」的展現並不代表不好，而端看「混搭」的處理如何，例如春美歌劇團《青春美夢》演述日治時期張維賢推行新劇的故事，其手法接近「文化拼貼」與「綜合劇場」（Syncratic Theatre）的風格，將日本文化與臺灣文化焊接、組構出一個日本統治下的臺灣人故事，劇中也呈現出無關緊要的文化素材，但不妨礙全劇的內容。這部有些怪腔怪調的歌仔戲，我們會認為

〔註 41〕1990 年代以前，政府傾向同化（assimilation）或融合（melting-pot）的方式，認為漢文化較為優越，打壓其它文化的存在，甚至使得其它文化的族群對於自我認同有所迷失，削減臺灣的多元文化資產。顯著的例子正是推行國語運動所帶來的迫害，使得為數眾多的年輕人不會說原住民語、閩南語、客家話，也影響了他們欣賞本有文化的歌曲、戲曲等表演藝術。而後行政院成立客委會、原民會頗有復興文化的意圖，甚至舉辦語文檢定等措施來彌補逐漸消失的文化，這些是很真實的案例。

這樣的形式不妥嗎？畢竟它所展演的是一個日治時期的臺灣人故事，勢必要刻意凸顯文化特質的差異，這樣的編演才有自己的風格與特色。

第五節　研究範疇與章節架構

　　跨文化戲曲的改編與表演相當熱絡，諸多劇作家嘗試將不同文化地域的文本改編成在地文化的表演型態，但應當深思、留意自己所處的在地文化特性及表演藝術本質，如此才不會迷失自我，避免一味漢化而忽略了其它「聲音」的鳴響。

　　1980 年以後的戲曲作品無論在劇本文藝、表演審美與劇場技藝上更為可觀，在現代劇場演出的歌仔戲重視現代劇場的經驗與技術，普遍顯現較高昂的精緻化企圖與精神。因此，我的研究對象遂以此為主。

一、研究範疇與對象

　　在這社會文化急遽變遷的時代，戲曲藝術的表演、展現無論在形式、風格、內涵和手法等方面屢有創發，劇作家（含括導演、編劇、演員及其他工作人員）有意識地製作一齣戲以實踐他們理想中的戲曲作品。

　　在眾多歌仔戲團中，唐美雲歌仔戲團向來強調跨界結合，演出力求精湛且精緻。該團標舉「承傳統，創新局」的旗幟，致力於劇場上求新、求變，自 1999 年創團以來，每年必定推出年度大戲，並積極與各類藝術跨界合作，豐富歌仔戲展演的風貌，坐擁現代劇場一方地位，可見其對於歌仔戲精緻化的踐行。

　　該團對於歌仔戲的表演藝術有高度的堅持，然而跨界、跨文化真的是創新的不二法門嗎？我們又是如何看待歌仔戲的傳統？在劇本（編劇）、導演地位漸為重要的當代，應當如何看待、檢閱歌仔戲的編導與演出成果？於是我以唐美雲歌仔戲團的《梨園天神》、《梨園天神桂郎君》作為研究對象，期能撰文為跨文化改編之戲曲研究擘出一條新徑。

二、研究方法與步驟

　　當代臺灣戲曲表演屢有創發，戲曲研究也應掌握時代脈動，在既有的社會文化經驗中生發問題意識，突破僵固的思維，尋求融通而達觀的研究方法，探究劇作的傳播與接受。本文參佐外國文藝理論，兼融臺灣學者觀點，涉及

歌仔戲現代化、精緻化議題，將以文學的洞見、藝術的感悟、文化的觀點共築跨文化改編的論點，對於臺灣歌仔戲逐次追溯過往、觀察當代、預想未來，期能經由本文的討論，爲當代臺灣歌仔戲的跨文化改編與表演之現象（況），提出切合情理的評述與觀點。

全文回顧戲劇、戲曲改編的專論，並探析跨文化改編之成效與限制，再比較卡斯頓‧勒胡《歌劇魅影》原著小說與安德魯‧洛伊‧韋伯《歌劇魅影》音樂劇、喬‧舒馬克《歌劇魅影》電影和唐美雲歌仔戲團《梨園天神》、《梨園天神桂郎君》等改編文本，藉以了解改編的考量與轉變，並解讀文本中的潛文本、符號隱喻和人物人格疾患的意涵，爲各作品提出新的詮釋觀點。

釐清臺灣歌仔戲本質及臺灣文化特質，通曉跨文化劇場的理念與實踐手法，應對於原著文本及改編文本的時空背景、人物性格、精神主旨、思想內涵有充份的認識，如此在進行跨文化改編的過程中，不至於片面改編或迴避詮釋。此外，跨文化改編使得文本歷經轉譯、再創作，可以透過不同的角度、多元的視野予以解讀、詮釋，助益跨文化文本的改編與表演。

我將參閱王安祈〈如何評析當代戲曲〉所揭櫫的觀察要點，〔註42〕對於《梨園天神》、《梨園天神桂郎君》二劇的編劇、導演的策略與手法細論，換言之，本文旨要在於現代化演繹和跨文化改編上，所以特別重視編導的敘事呈現，並詳究改編的優缺、展演成就的功過。

三、全文架構與綱要

本論文分爲六章，首置前言略述個人對戲曲的見解與欣賞的品味，鋪綴成文。具體綱要如下：

第一章〈緒論〉，商榷臺灣歌仔戲本質，回顧戲曲編創的手法，並辨析「改編」一詞之定義，進而探究臺灣戲曲的文化基底與展望視野。

第二章〈跨文化劇場與臺灣戲曲跨文化改編概覽〉，爬梳「跨文化劇場」各家論點及實踐手法，並以法國戲劇學者帕維的跨文化劇場理論爲主要根據，彙整其所提出的改編手法及沙漏理論。此外，本章亦介紹臺灣學者對於跨文化改編的見解。

第三章〈《歌劇魅影》音樂劇與電影之改編與評述〉，析論《歌劇魅影》

〔註42〕王安祈〈如何賞析當代戲曲〉一文，揭櫫情節結構、表演設計、性格塑造、演員形塑、曲文唸白、導演統籌、思想內涵和舞臺美術八項賞析要點。

原著小說及音樂劇、電影此二改編版本的殊異，揭示其創作內涵與特出之處，進而詳究《梨園天神》及《梨園天神桂郎君》如何立基於《歌劇魅影》再造幽魅聲光。

第四章〈《梨園天神》、《梨園天神桂郎君》之改編與評述〉，對於《梨園天神》、《梨園天神桂郎君》情節結構的編排、唱段詞曲的編擬、精神旨趣與思想內涵、導演統籌與演員詮釋四方面進行賞析與評述。

第五章〈從《歌劇魅影》到《梨園天神桂郎君》之改編符號新詮〉，以符號學觀點評析原著文本與改編文本之符號：鏡子、面具，論及「鏡像」形塑自我、覆戴面具角色扮演（兼採民俗學觀點觀察鬼神取替）的特徵，闡釋其象徵意涵。援引精神分析、戲劇治療的理論，推究劇中鬼魅患有人格疾患的人物性格，人物因「死亡本能」的驅使製造接連的攻擊行為，而不同改編文本的敘事內容有不同類型的戲劇治療效果，演變出差異頗大的各類結局。

第六章〈結論〉，歸結先前章節之要義，商榷臺灣歌仔戲本質與改編徑路，進而析論跨文化戲曲的改編、表演與詮釋上的理念與實踐原則，期能以多元的詮釋方法為戲曲研究另闢新徑，拓展當代臺灣歌仔戲跨文化改編在理論與實務上的效益。

第二章　跨文化劇場與臺灣戲曲跨文化改編概覽

　　在資訊科技與時俱進、日新月異的當代，資訊傳播跨越了疆界藩籬，國際交流趨於頻繁，藝術、文化也透過迅捷的傳播媒介在不同文化背景的族群、區域或國家間流播，不同文化的接觸產生影響，尤其亞洲與歐、美間的文化差異，在傳播、交流後有不小的異見與隔閡。各地域劇場藝術的發展各有其生成背景、內涵與特色，當兩類不同文化背景所產生的戲劇藝術有所交流時，其變異與影響即是「跨文化劇場」（Intercultural theatre）所欲探討的問題。

第一節　世界戲劇的跨文化交流

　　縱覽世界戲劇的緣起與發展變遷，跨文化改編現象可上溯自古希臘時代，著名的古希臘悲劇《酒神的女信徒》（The Bacchae）源於「東方」的酒神崇拜，《米蒂亞》（Medea）則與流傳於希臘以外地區的黑巫術有所關聯。輝煌的希臘時代日漸黯淡後，強盛的羅馬帝國橫跨了歐、亞及非洲大陸，開創屬於羅馬人的驕傲，同時也繼承了希臘文化的內涵，伊底帕斯、米蒂亞也從希臘戲劇走出，融入西尼卡（Luscius Aunaeus Seneca, 4B.C. - A.D.65）的悲劇之中，為羅馬戲劇增添別具特色的色彩。

　　細閱西洋歷史不難發現歐洲各國透過征戰、宗教傳佈促進文化交流，大航海時代的來臨更邁出新里程，跨文化交流趨於頻繁，尤其歐洲多國的地理位置相連、國際關係密切，文化交流的傳播影響更加密切。

　　自著名的希臘悲劇問世以來，西洋戲劇的成就向來備受矚目，發展至 16
世紀更寫就璀璨的新頁。在跨文化的傳播影響下，劇作題材縱貫古今時代且
橫跨遠近國度。

　　西方戲劇的發展歷時悠久，不僅內容繁複，形式亦屢有創發，經歷千百
年的流傳、演變，時至中世紀以後，發展更爲豐富多姿。其中，享譽盛名的
莎士比亞（William Shakespeare，1564～1616）有意識地改編前作或參考、詮
釋異國文化和歷史傳說，編創出《錯誤的喜劇》（*Comedy of Errors*）、《哈姆雷
特》（*Hamlet*）、《羅密歐與茱麗葉》（*Romeo and Juliet*）、《奧塞羅》（*Othello*）
等劇作留名後世，受到多數劇作家青睞，屢屢改編其作品而演出。

　　17 世紀法國莫里哀（Moliere 爲其藝名，本名爲 Jean-Baptiste Poquelin，
1622～1673）融合、化用法國鬧劇、義大利藝術喜劇（Commedia dell'Arte）〔註
1〕的戲劇特點，且突破新古典主義的框架，表現出文藝復興時期的精神和人
文主義思想，具有跨時代與地域的永久性及普遍性，其劇作有《塔圖夫》
（*Tartuffe*）、《賣弄學問的人》（*The Pedant*）、《吝嗇者》（*The Miser*）等作品。
〔註 2〕

　　莫里哀爲 17 世紀的劇場藝術帶來歡愉的感受，接續而來的 18 世紀則是
理性至上的時代，此時中國戲劇作品（元雜劇）——紀君祥的《趙氏孤兒》〔註
3〕傳播到歐洲引發注意，如英國的威廉・哈切特（William Hatchett）、義大利
的梅塔斯塔西奧（Pietro Metastasio，1698～1782）、法國的伏爾泰（Voltaire，
1694～1778）、德國的歌德（Goethe，1749～1832）都曾據此改編，其中又以
伏爾泰的《中國孤兒》（*Orphelin de la Chine*，1755）最負盛名。〔註 4〕

〔註 1〕　或稱「義大利即興喜劇」，有別於當時宮廷或學院的戲劇，以演員爲中心，未
　　　　必有完整的劇本或完美的舞臺，重視演員的功力培養；角色類型別具特色，
　　　　通常分爲情侶檔、專業人士和奴僕三大類。參閱俞翔峰：《西方戲劇探源》（臺
　　　　北：幼獅文化事業股份有限公司，2009 年 09 月初版），頁 114～116。
〔註 2〕　俞翔峰：《西方戲劇探源》（前引書），頁 143～145。
〔註 3〕　《元刊雜劇三十種》題作《冤報冤趙氏孤兒》；明代臧懋循《元曲選》名之《趙
　　　　氏孤兒大報仇》。《趙氏孤兒》屬歷史劇，但並未依照史實編寫。此事最早見
　　　　於《左傳》但紀事簡略，《史記・趙世家》、《新序》、《說苑》方有較爲詳盡的
　　　　記錄，敘述春秋時代晉國趙氏被奸臣屠岸賈陷害而慘遭滅門，倖存的趙氏孤
　　　　兒復仇一事。
〔註 4〕　伏爾泰的改編將時代背景搬移到蒙古人攻掠中原領土的景況，成吉思汗欲強
　　　　娶中國臣子贊提（Zamti）之妻伊黛美（Idame），伊黛美爲了國、家而犧牲，
　　　　全劇並沒有「孤兒」復仇一事。石光生認爲伏爾泰改編上的兩點誤謬，是基

　　19 世紀時，易卜生（Henrik Johan Ibsen，1828～1906）編寫多部寫實主義的劇本，引起歐美國家空前的重視與討論，觸發德、法、英、美、俄等國家的劇場運動，劇作家們也以創新、實驗和前衛的精神，展現他們劇場藝術的理念並予以實踐。〔註5〕

　　在眾聲喧嘩的思潮中，劇作家有其獨到的視野與精闢的見解，其中攸關跨文化劇場的表演策略，可先參閱布萊希特、亞陶等人的劇場藝術策略。

（一）布萊希特「史詩劇場」

　　20 世紀時，中國與外國戲劇間的交流愈趨頻繁。1930 年，梅蘭芳率團遠赴美國展演，又於 1935 年至莫斯科演出。德國劇作家托爾特‧布萊希特（Bertolt Brecht，1898～1956）欣賞梅蘭芳的表演後，發表〈中國表演藝術的「疏離效果」〉一文（*Verfremdungseffekte in der chinesischen Schauspielkunst*，英譯為 *Alienation Effects in Chinese Acting*），表述他對梅蘭芳表演的評價，並述及劇場表演應有促進社會革新的看法。

　　布萊希特倡導結合了馬克思主義政治和現代主義美學的「史詩劇場」（EpicTheatre），並提出「史詩劇場」的四項特點：

1. 它指稱一種異於「戲劇的」編劇理念和方法。〔註6〕
2. 它指稱一種異於「幻真主義」的劇場演出手法。〔註7〕
3. 編劇和演出手法產生的結果具有「疏離效果」。
4. 最終目的具有政治企圖，以改造整個世界。

　　布萊希特最著名的作品《四川好女人》（*The Goodwoman of Setzuan*）即是一部以中國為背景，且能詮釋史詩劇場信念的佳例。此外，布萊希特認

　　　於法語譯本自身的缺失，並受限於理性時代的悲劇理論特色所致，謹遵法國
　　　悲劇理論「三一律」，而未能掌握原著文化的人文特質與該劇的歷史背景，因
　　　而曲解《趙氏孤兒》所突顯的「忠」、「孝」、「信」觀點。見石光生：《跨文化
　　　劇場：傳播與詮釋》（前引書），頁 104。
〔註5〕胡耀恆：《戲劇欣賞》（下冊）（臺北縣：國立空中大學，1988 年初版），頁 348。
〔註6〕譬如劇本的片段與片段之間加入詩歌、舞蹈，夾敘夾議，片段和片段之間沒
　　　有緊密的連續，轉折點清晰可見。見鍾明德：《現代戲劇講座：從寫實主義到
　　　後現代主義》（臺北：書林出版有限公司，1995 年 10 月初版），頁 102。
〔註7〕演員和他所扮演的角色可以分離，燈光和音響器材直接暴露在觀眾眼前，而
　　　所有的表演、舞臺、服裝、音樂、燈光各種元素之間可以各行其是，相互辯
　　　證，不需要從頭到尾都在製造一個有機的「整體效果」（organic unity）。見鍾
　　　明德：《現代戲劇講座：從寫實主義到後現代主義》（前引書），頁 102。

為表演者應營造「疏離效果」（the Alienation Effect），在角色和個人之間，維持一定的距離，呈現「使陌生化」（defamiliarization）的特色，讓觀眾從表演者的演出進行思考、評論，甚至在離開劇場時能以實際行動促進社會的進步。

（二）法國亞陶「殘酷劇場」

法國劇作家安東寧‧亞陶（Antonin Artaud，1896～1948）因幼年罹患腦膜炎，導致終其一生受精神疾病折磨，陸續接受精神治療仍舊無法治癒。1931年，亞陶從印尼峇里島舞劇獲得啟發，不滿寫實主義的戲劇表演，嘗試對非語言形式的表演進行摸索、試探，在 1931 至 1936 年之間陸續發表他心目中理想的劇場形式。

亞陶發現古代的祭典「儀式」隱藏毀滅死亡與重生的寓意，他認為毀滅與死亡均是殘酷的，從而否定西方的文明與文化，要讓戲劇回歸原始儀式，以人類潛意識活動為創作的精神儀式，重新探掘生命經驗，不僅如此，還主張應讓觀眾意識到生命的殘酷，於是在亞陶的「殘酷劇場」理念中，摒棄了寫實主意式的舞臺裝置，讓舞臺表演成為一種符號、空間與走位的具體語言。〔註8〕「殘酷劇場」具有以下四項特徵：

1. 企圖捕捉潛意識的活動。
2. 是意象而非語文的劇場。〔註9〕
3. 是種總體劇場（total theatre）。〔註10〕
4. 是種治療工具。

簡言之，「殘酷劇場」就是要讓觀眾感受表演者的肢體訊息，感受精神的意象，與戲曲虛擬象徵性的舞臺頗為類近。這般前衛的表演理念，影響了葛羅托斯基對於劇場意象的構思。

（三）葛羅托斯基「貧窮劇場」

1959 年，波蘭導演葛羅托斯基（Jerzy Grotowski）在歐普勒（Opole）小

〔註8〕 朱芳慧：《跨文化戲曲改編研究》（臺北：國家出版社，2014 年 04 月初版），頁 36。

〔註9〕 亞陶強調音樂、知體、運動、空間、燈光等舞臺元素的整體調度，讓各個要素能發揮其特性，整合成一種強而有力的物質性語言。導演是劇場語言的作者，劇作家則應當被請出劇場。見鍾明德：《現代戲劇講座：從寫實主義到後現代主義》（前引書），頁 149。

〔註10〕劇場演出必須產生觀眾和表演者完全籠罩在一起的總體效果。見鍾明德：《現代戲劇講座：從寫實主義到後現代主義》（前引書），頁 149。

鎮引領十幾位年輕演員實驗「貧窮劇場」（Poor Theatre）的表演手法，對於表演藝術進行新的嘗試。

葛羅托斯基在 1968 年出版《邁向貧窮劇場》（*Toward the Poor Theatre*），表示「貧窮劇場」講究演員的身體訓練，及其與觀眾在劇場空間之內互動的觀念，捨棄所有多餘的劇場元素，換言之，葛羅托斯基希望讓戲劇表演能以最精簡的元素，呈現出豐富的表演內涵。〔註11〕

（四）彼得・布魯克

劇場導演彼得・布魯克（Peter Brook）曾任英國「皇家莎士比亞劇團」（The Royal Shakespeare Company，簡稱 RSC）導演、倫敦歌劇院（Covent Garden）藝術總監。1964 年，彼得・布魯克成立「殘酷劇場工作坊」（Theatre of Cruelty Workshop）研究亞陶的戲劇理論。1970 年遠赴法國創設「國際戲劇研究中心」（International Centre for Theatre Creation，簡稱 CICT），從事跨文化戲劇演練，探究日本空手道及能劇、印度瑜珈與民族舞蹈等表演藝術，並融入他的戲劇實驗中，以追尋他理想中的戲劇。

在布魯克《空的空間》（*The Empty Space*）一書中，闡明了他追尋理想中的通俗戲劇之信念，布魯克將戲劇分為僵化的戲劇、神聖的戲劇、粗俗的戲劇及直覺的戲劇四種類型，認為戲劇形式的生成、演變，終將因環境變異而死亡、再衍生新的形式。此外，他相信「即興表演」可以避免流於僵化，使表演與時空情節緊密結合，讓戲劇作品別具生命力。彼得・布魯克主張戲劇的本質在「當下」（直覺），賦予表演者創作的空間，讓觀眾馳騁想像，共同成就一部戲劇作品。

彼得・布魯克曾拍攝長達九小時的《摩訶婆羅達》（*The Mahabaharata*）電影，動用跨國族（英、法、歐洲、日本、印度等）演員陣容，來改編、挪用印度史詩，實踐其「第三世界文化的連接」（The Link of the Third Culture）此種跨文化理念，但此種表現手法頗有文化侵略之感而備受爭議。〔註12〕

〔註11〕李立亨：《我的看戲隨身書》（臺北：天下遠見出版股份有限公司，2010 年 12 月二版），頁 138～139。

〔註12〕可參閱段馨君：〈彼德・布魯克的《摩訶婆羅多》——詮釋與改編或文化偷竊挪用？〉，輯於《跨文化劇場：改編與再現》（新竹：國立交通大學，2009 年初版），頁 15～30。

（五）理查・謝喜納「環境劇場」

曾在臺灣執導當代傳奇劇場《奧瑞斯提亞》，並在上海導演《哈姆雷特》的理查・謝喜納（Richard Schechner），在多次嘗試下豐富了跨文化劇場的表現成果，而他的劇場理念其實受到葛羅托斯基「貧窮劇場」及其他戲劇理論的影響，對前述各種戲劇理論的排演方式、演出形式和戲劇效果加以探討，於 1968 年發表了〈環境劇場的六大方針〉一文，建構出「環境劇場」（Environmental Theatre）理論，形成前衛劇場美學的重要特徵和演出形式。〔註13〕此六大方針如下：

1. 劇場活動是演員、觀眾和其他劇場元素之間的面對面交流。
2. 所有的空間都是表演區域，同時，所有的空間也可以做為觀賞的區域。
3. 劇場活動可以在現成的場地或特別設計的場地舉行。
4. 劇場活動的焦點多元且多變化。
5. 所有的劇場元素可以自說自話，不必為了突出演員的表演而壓抑其他劇場因素。
6. 腳本可有可無。文字寫成的劇本不必是一個劇場活動的出發點或終點目標。

除此之外，他亦將「人類表演學」的表演，定義為：「有意識地展示自己的行動」，並提出表演的四個類別：「存在」（being）、「行為」（doing）、「展示行動」（showing doing）和「對行動的解釋」（explaining），據此解釋人類的行為表現；從謝喜納的表演理論其實可衍生跨文化的定義，在其跨文化的理念中，存著「烏托邦的夢想」（Utopian Dream），重視文化的聯結與整合，謝喜納認為跨文化表演強調文化的整合或分裂，主張每個人擁有「選擇性的文化」而自處於世。〔註14〕

熟悉跨文化主義的謝喜納還將跨文化主義分為四種類型：

1. 垂直跨文化主義（Vertical Interculturalism）：
   同一區域，不同時代的文化交流。
2. 橫向跨文化主義（Horizontal Interculturalism）：
   不同區域，同一時代的文化交流。

〔註13〕鍾明德：《現代戲劇講座：從寫實主義到後現代主義》（前引書），頁190～191。
〔註14〕可參閱段馨君：《凝視當代臺灣劇場：女性劇場、跨文化劇場與表演工作坊》（臺北縣：Airiti Press Inc.2010年04月初版），頁148～163。

3. 混合跨文化主義（Hybrid Interculturalism）：

以上兩種方式的混合，是國際間不同文化的結合方式。

4. 旅遊跨文化主義（Tourism Interculturalism）：

同時保存和展示文化的方式。〔註15〕

　　對於「全球化」現象的利弊尚無定論，不過謝喜納認為文化交流的過程可以協助不同文化的人進行溝通，透過文化的溝通，可以確立自身的文化選擇、交換，文化表演的交流則可促進溝通，減少國族主義對個人的控制。

（六）尤金諾・芭芭

　　丹麥劇場導演尤金諾・芭芭（Eugenio Barba）曾在波蘭華沙劇場學校（Warsaw theatre school）學習劇場藝術，並參與葛羅托斯基的戲劇實驗，因緣際會接觸了東方的劇場藝術，由於他對印度文化頗感興趣，曾造訪印度喀拉拉邦（Kerala）的「卡塔卡利舞蹈學校」（Kalamandalam Kathakali School）。《卡塔卡利》（Kathakali）是印度最具代表性的傳統舞劇，最大特徵在於表演者透過豐富的臉部表情和千變萬化的肢體動作展演，具有言語無法取代的意涵與美感。芭芭對此的體認顯現在他的表演藝術理念中，他強調表演者應在肢體動作有所突破，也因此在他創辦的「歐丁劇場」的訓練，十分重視肢體與聲音的潛能開發。

　　由於芭芭本身對於東、西方劇場均有涉獵，更進而在 1976 年提出「第三劇場」（Third Theatre）〔註16〕的概念，讓來自世界各地的劇團互相交流，甚至在 1979 年籌辦「國際劇場人類學學校」（International School of Theatre Anthropology，簡稱 ISTA），從「劇場人類學」的角度予以觀察，探尋不同文化的表演本質。芭芭還認為東方劇場的訓練、特質和美學，是西方劇場工作者不應空手而歸的一座寶山，透過學習東方的劇場藝術，並且融合西方劇場

〔註15〕人在旅遊時，除了體驗他國的文化，也會把當地文化的識見帶回本國，不僅如此，同時也把自己的文化傳到當地，因此旅遊是一種同時保存和展示文化的方式。四種主義之中文譯名參閱段馨君：《跨文化劇場：改編與再現》（前引書），頁 31～55。

〔註16〕所謂「第一劇場」即主流劇場，在社會文化上穩固立足；「第二劇場」則具有勇於突破傳統的實驗精神，構思創新的劇場表演以拓展劇場藝術的視野，較具前衛性質。

藝術，樹立「歐亞（Eurasian）劇場」的理念。就此觀之，芭芭倡行的「劇場
人類學」對於跨文化研究頗有參考價值，是相當受用的方法。〔註17〕

（七）亞利安・莫努盧金

　　法國「陽光劇團」（Theatre du Soleil）導演亞利安・莫努盧金（Ariane
Mnouchkine）亦是喜愛東方文化者，甚至提出「劇場是東方的」（theatre is
oriental）這般說法。她將理想中的劇場風格，定位在「自然，但充滿戲劇化」
此一信念，希望以通俗而簡潔的手法讓觀眾感悟生命經驗。

　　莫努盧金認為劇場應盡可能地戲劇化，融合不同元素而創作出嶄新作
品。1964年成立的陽光劇團，初期以雜技、默劇的肢體運用為表演基礎，1970
年代，她對東方劇場的表演藝術深入探掘，並將它引用到陽光劇團，讓演員
找尋到他所飾演角色的靈魂後，通過戲劇化的形式來表現，還曾轉化日本能
劇（Nô）與歌舞技（Kabuki）形式演出《李爾王》（*King Lear*）與《米蒂亞》
（*Medea*）等劇。莫努盧金強調劇場必須融合各種戲劇形式與文化的特性，在
跨文化的實踐上傾盡莫大的心力。〔註18〕

　　本節介述戲劇跨文化交流的發展概況，上溯自希臘、羅馬時期之戲劇，
時值近現代則衍生數種劇場表演形式與戲劇理論。在視野日益開闊的大時代
裡，跨文化的交流也激發出「史詩劇場」、「殘酷劇場」、「貧窮劇場」等戲劇
理論，學者或劇作家們的理念與實踐成果，擴充了劇場藝術的表演形式，也
造就不同以往的特質與成果。

　　「跨文化主義」此一新興的劇場語彙，指的是一種心理狀態，同時也是
一種工作方式。在這個提倡解構、後結構、後現代的時代，劇場的演出不僅
要在不同的風格、傳統、技巧、意識形態、影像及想像之間變化自如，還要
刻意去瓦解存在於這些演出及理論中的規則與趨勢。為了描述當代劇場演出
的複雜環境，「跨文化」一詞被提出來陳述在多元文化下的特定演出，並對多
元文化之間的結合方式提出定義與分類。〔註19〕

　　當代諸多學者對於跨文化理論紛紛提出見解，並建立起個人的理論觀
點與實踐策略，欲了解「跨文化劇場」的定義、意涵與特色，應當先對各

〔註17〕李立亨：《我的看戲隨身書》（前引書），頁197～199。
〔註18〕李立亨：《我的看戲隨身書》（前引書），頁191～196。
〔註19〕段馨君：《跨文化劇場：改編與再現》（前引書），頁12。

家論點有初步的認識才能一窺堂奧。諸多名家各自表述自身在跨文化交流上的理念與實踐，但「跨文化劇場」是什麼？該如何定義？這樣的問題並沒有獲得充分而且圓滿的答案，這是剖析「跨文化劇場」理論之前必須先留意的前提。

第二節　「跨文化劇場」的定義與論點

工業革命的齒輪在 19 世紀推動時代的進步，科技成就日漸成長，也刺激各國工業化、現代化發展，急遽現代化使得資訊科技的技術、效率大幅增進，連帶影響了不同區域之間的資訊傳輸，當然，藝術文化也隨輪軸轉動的過程，拓展得更加廣遠，文化間的交流、互涉愈趨頻繁，促進不同區域的劇場藝術、表演美學相互學習、取法，以豐厚自身的劇場表演。

前文介紹了布萊希特、亞陶、葛羅托斯基、彼得・布魯克、理查・謝喜納、尤金諾・芭芭、亞利安・莫努虛金對於劇場藝術跨文化交流的觀點與見解。來自不同文化背景的劇作家、學者對於跨文化劇場各具觀點，因此有了多元視野，但不免龐雜而各執一詞。

值得注意的是，法國戲劇學者帕維（Patrice Pavis）發表了《劇場於文化的交叉口》（*Theatre at the Crossroad of Culture*）、《跨文化表演讀本》（*The Intercultural Performance Reader*）後，對於「跨文化劇場」的概念有較爲周全的觀照。

一、「跨文化劇場」類型

帕維在其編纂的《跨文化表演讀本》（*The Intercultural Performance Reader*）中，認爲跨文化劇場「混合來自不同文化區域的表演傳統，而有目的地創作出一種新面貌的劇場形式，以致原先自身的形式變得無法辨認。」〔註20〕跨文化改編須面對兩地的政治、經濟、文化、意識形態的結合，打破文化間的藩籬，在文化差異的局面下進行調整、融裁爲貼近本地文化特色的劇作，甚至賦予新時代的意義。

帕維將常見的跨文化表演作品，依其特質區分爲六種類型，表列如下：

〔註20〕Pavis, Partice (1996). The Intercultural Performance Reader. London and New York: Routelege, p.8.

表 2-1 帕維「跨文化劇場」作品的六大類型

跨文化劇場類型	跨文化劇場之定義
跨文化劇場 （Intercultural Theatre）	混合來自不同文化區域的表演傳統，而有目的地創作出一種新面貌的劇場形式，以致原先自身的形式變得無法辨認。
多元文化劇場 （Multicultural Theatre）	多族裔組成的國家或社會，表演者會使用數種語言和表演方式，為雙語或多元文化的觀眾展演。
文化拼貼 （Cultural Collage）	並不關心所採用的文化素材的特色，也不關心意義和價值，只任意援引、改編、降低、增強、結合與混合各種文化要素，但其中並無「人文主義」。換言之，它不顧這些形式和技巧在母國文化中的功能與意義。
綜合劇場 （Syncratic Theatre）	對來自不同文化的材料，加以有創意地重新詮釋，所形成的新式戲劇。
後殖民劇場 （Post-colonial Theatre）	在後殖民國家，由當地人重新使用母文化（前／新殖民）的元素與觀點，來創作劇場，因而促成語言、編劇法，及表演過程的混合。
第四世界劇場 （The「Theatre of the Fourth World」）	由來自前殖民文化的作者或導演所創造的新劇場型式。在殖民時期，相對於主流文化，這種文化常成為弱勢文化所創造的劇場。

必須留意的是，此六種類型並非截然劃分而互無關聯，在同一劇作中可能兼具兩種類型以上的特質。

二、跨文化劇場的改編手法

　　帕維對「跨文化劇場」歸納各類型的見解後，還指出「跨文化劇場」在改編過程中所採用的五種手法：

1. 否定原著文化的聯繫（Denial of Cultural Anchoring）

　　　　在藝術創作的過程中，藝術家會刻意否定受到其他文化的影響，並將其歸於自己的美感經驗與創造力，或在改編過程中極度淡化原著題材的文化色彩。

2. 和諧共融（Rapprochement）

　　　　藝術家對於異文化作品與自身文化的共通要素、或是可接受的改編元素，加以研究；例如：特質、角色、形式、結構，藉此拉近兩種文化間的距離，以促進兩種文化間——原著文化（source culture）與標的文化（target culture）的和諧交融與交流。

3. 誘惑、模仿、交流（Seduction, Imitation, Exchange）

　　將兩種文化處於對等的地位，互相影響與交流。異質文化在相互碰撞時，都想保留其自主性與自我認同，並避免被對方同化，或使對方喪失自我，亦即要誘引對方，而非弱化對方。

4. 背叛後的重生或豐饒地曲解（Renewed Betrayl or Productive Misinteration）

　　將錯誤的解釋重新演繹出來，用自己所知的去解釋自己未知的部分，亦即透過已知的事物，以新觀點去闡明被誤解的部分，以及啟發未知的一切。

5. 挪用（Appropriation）

　　將其他文化作品中的所有文化因素抽離，僅採用該作品其中一個令藝術家感興趣的情境；亦即具有目的性的挪用。就「接受」（reception）理論的觀點而言，就是將所有事物都簡化在一個主要文化的觀點下，亦即站在一個主流位置上，將所有的異文化都轉換為「滿足自我需求」的目的。〔註21〕

　　這五點跨文化改編的手法，以實務手法補足了空談的理論，也擴充理論的內涵。帕維所提出的五點改編手法，可視為劇作家進行改編時的量尺。

　　第一點「否定原著文化的來源」強調劇作家維持個人主觀的藝術美學，將原著文化影響生成的藝術美感納為己出，實則是參考、模仿後的表現。第二點「和諧共融」則強調以穩定和諧的交流、互涉達到藝術風格的融合呈現，雖有改編但並未大幅更改。第三點「誘惑、模仿、交流」則是將原著文化與標的文化在平等的地位上交流、互涉，但維持本有的文化內涵，改編幅度大於前者。第四點「背叛後的重生或豐饒地曲解」可視為對原著文化「誤讀」後的改編表現，基於劇作家自身的認知去解讀、詮釋原著文化的表演藝術。第五點「挪用」出自於劇作家的需要，摘取所需的情境而暫時不考慮文化背景。

　　帕維歸結出這五點跨文化改編手法，劇作家視其需求及劇作構想而運用，企圖讓戲劇表演更為完善，在不考慮造成文化衝突或曲解的情況下，這些改編嘗試蘊含劇作家豐富戲劇內容的美意，不過戲劇表演畢竟得面臨、接

〔註21〕這五點手法的論述援用段馨君的翻譯，見《西方經典在臺灣劇場：改編與轉化》（新竹：國立交通大學出版社，2012 年 06 月初版），頁 41～43，另可參閱 Pavis, Partice (1996). The Intercultural Performance Reader. London and New York: Routelege, p.11-12。

受表演及其背後的藝術文化，改編過程如何進行也值得探討，帕維對此則提出了「沙漏理論」加以闡發。

三、跨文化劇場改編過程：沙漏理論

帕維在《劇場於文化的交叉口》中發表了「沙漏理論」（The hourglass of cultures），將跨文化改編的過程比喻為沙漏中流沙的移動、變化。由於跨文化改編面臨從「原著文化」（source culture）轉換成「標的文化」（target culture）的境遇，如下圖所示：

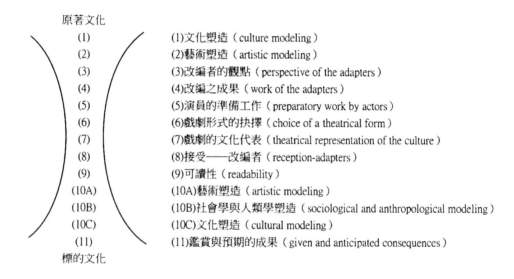

原著文化

(1)	(1)文化塑造（culture modeling）
(2)	(2)藝術塑造（artistic modeling）
(3)	(3)改編者的觀點（perspective of the adapters）
(4)	(4)改編之成果（work of the adapters）
(5)	(5)演員的準備工作（preparatory work by actors）
(6)	(6)戲劇形式的抉擇（choice of a theatrical form）
(7)	(7)戲劇的文化代表（theatrical representation of the culture）
(8)	(8)接受——改編者（reception-adapters）
(9)	(9)可讀性（readability）
(10A)	(10A)藝術塑造（artistic modeling）
(10B)	(10B)社會學與人類學塑造（sociological and anthropological modeling）
(10C)	(10C)文化塑造（cultural modeling）
(11)	(11)鑑賞與預期的成果（given and anticipated consequences）

標的文化

圖 2-1　「沙漏理論」——跨文化改編歷程圖解〔註 22〕

沙漏的上端為原著文化（source culture），經歷跨文化改編往標的文化（target culture）流動、發展，此一過程猶如沙漏中的流沙自上而下遞移。帕維觀察此種轉換過程，將改編／轉換過程析理出十一個階段，其中第十階段涵蓋三個歷程。

跨文化改編的十一個階段裡，首先必須對原著文化的文化塑造有初步的認識（了解其生成、發展與成形），對於文化背景與內涵有所掌握後，再深入認識此一文化所孕育的藝術塑造（熟悉其發生、演變與表演程式）。簡單來說，此二階段是著手跨文化改編前，應先具備對原著文化的認知，建立先備識見，

〔註 22〕　筆者重繪並自行翻譯：原圖參考 Pavis, Partice (1996). The Intercultural Performance Reader. London and New York: Routelege, p.4.

掌握其大致的文化輪廓後，再細細體會其內涵，邁向第三個階段。

　　改編者熟悉原著文化的先備識見後，調適他個人對於所欲改編作品的觀點，編創出他心中的劇作構想，換言之，即是劇作家（編劇或導演）構設出表演內容或劇本。改編的策略則可參考帕維歸納的五點手法。

　　接下來在第五到第九階段的轉換歷程內，劇作本身與表演者必須有適切的規劃與配置，原因在於跨文化改編並不等同全盤接受原著文化，對劇作家或表演者而言都是種實驗，尤其編劇或導演必須審慎且敏銳地為戲劇的展現形式作出判斷，改編與重新詮釋的程度都要有所衡量，如此才能製作出心中嚮往的劇場作品。

　　儘管作品的形式、背景與表現手法已朝「標的文化」發展，仍須考量到改編後的戲劇，在藝術表現的提煉是否青出於藍？在社會中反映出什麼意涵？在表演方面有什麼融合或突出之處？更重要的是，在文化互涉之後，呈現出來的成果究竟是什麼樣貌？具備什麼意義？

　　除此之外，跨文化改編也必須考慮到觀眾會如何接受與詮釋，劇作家和表演者固然有他們的觀點，然而觀眾如何看待、鑑賞這樣的作品亦是值得預想的，畢竟劇作家、表演者的改編、再現、詮釋與觀眾反應或評價有過大的落差，那麼透過跨文化改編策略推出作品，恐怕要再多加權衡利弊了。

　　順帶一提，關於「沙漏理論」帕維還提及：

> 外來文化或其附屬文化的本質是純粹而沒有混雜的，不論多麼緩慢，將從我們所觀察到——在漸漸移動的地方，不受阻礙地繼續往下，朝向標的文化。在過程中，這個文化的本質將會進行重整，有時候是隨機的，有時候則因為經過標的文化與觀察者的過濾而被控制。（Pavis 1992:4）〔註23〕

　　對此，段馨君認為從「原著文化」如流沙般緩緩流向「標的文化」的過程雖緩慢，且在析濾過程中會被有意或隨機的選擇與刪減。在全球化的當代，文化的傳播、交流頻繁，不同文化之間互動從好奇、抗拒，漸發展成借用與轉化的關係，甚至接受、內化，使得外來文化與本地文化相融，發展出新的移民雜匯文化。〔註24〕就此點特色來看，臺灣文化就是一個顯著的例子。

〔註23〕方尹綸：〈臺灣當代劇場跨文化改編研究（2000～2009）〉（國立臺灣藝術大學戲劇與劇場應用學系碩士學位論文，2010 年 06 月），頁 11。
〔註24〕段馨君：《西方經典在臺灣劇場：改編與轉化》（前引書），頁 42～43。

　　值得思考的是，帕維的「沙漏理論」歸結出跨文化改編的十一個階段，仿若跨文化改編的標準作業程序（Standard Operating Procedure，簡稱 SOP），我認爲不應該視此爲亦步亦趨的歷程步驟，可以因應不同手法、策略而有所變化。假設劇作家已有改編前例，並得知各界的意見與評論，在此情況下若打算突破前作，也有可能倒攝這十一個發展階段，以「民意」爲標準、「社會價值」爲目標之類的考量，未必會徹頭徹尾地顧慮文化塑造和藝術塑造。當然，帕維的「沙漏理論」相當受用，不過跨文化改編並不是 $f(X)＝ax＋bx＋……$ 這類的函數運算法則，手法、策略和歷程皆有可能變動、調適而再應用。

　　帕維對於「跨文化劇場」的觀察相當廣泛且深入，也作出相當周全的論述，並且提出「跨文化改編」五點手法，原著文化下的作品經歷了「沙漏理論」的十一個轉換階段，發展成標的文化所欲呈現的文本。這番系統化的論述爲「跨文化劇場」作出頗爲詳盡的介紹、析辯。不過，跨文化劇場仍在眾聲喧嘩的討論中，此種交流不失爲戲劇借鑑、取法、自我成長的方法，但往後如何發展？臺灣劇場會有什麼樣的實踐作爲和詮釋觀點？仍得細思探究。

第三節　當代臺灣跨文化戲曲改編成果

　　戲曲邁向現代化後，相對於雅音小集改革的和緩步調，當代傳奇劇場則是以激進的氣勢開啓革新的局面，探尋戲曲表演的可能發展。

　　吳興國、林秀偉夫婦於 1985 年創立當代傳奇劇場，是另一波對於戲曲表演藝術的反動與創發，使得因循陳規的京劇有了蛻變的轉機。從創團作《慾望城國》開啓京劇新風貌以後，《王子復仇記》、《樓蘭女》、《奧瑞斯提亞》等跨文化改編作品，漸卸下京劇表演程式的規範，納入現代戲劇的表演內涵，劇情結構、表演手法、舞臺形式也有新的嘗試與考驗，其所累積的經驗足爲眾多劇團參考、借鑑。當代傳奇劇場的實驗摸索也挑引其他劇團的胃口，其他劇種或劇團也嘗試進行跨文化戲曲的改編與表演。

　　臺灣戲曲跨文化改編行之有年，且已累積爲數不少的成果，在此表列 1981 年至 2016 年間臺灣戲曲跨文化改編的成果，而後再析論各劇種的改編成就與得失。

表 2-2　臺灣戲曲跨文化改編之作品（1981～2016）

首演年度	演出劇團	編劇／改編劇作	改編來源
1981	空軍大鵬劇隊	魏子雲《席》	尤內斯柯（Eugene Ionesco）《椅子》（The Chairs）
1986	當代傳奇劇場	吳興國《慾望城國》	莎士比亞（William Shakespeare）《馬克白》（Macbeth）
1990	當代傳奇劇場	王安祈《王子復仇記》	莎士比亞（William Shakespeare）《哈姆雷特》（Hamlet）
1993	當代傳奇劇場	林秀偉《樓蘭女》	尤里皮底斯（Euripides）《米蒂亞》（Medea）
1995	當代傳奇劇場	謝喜納、鍾明德《奧瑞斯提亞》	艾斯奇勒斯（Aeschylus）《奧瑞斯提亞》（Oresteia）
1996	河洛歌子戲團	陳德利《欽差大臣》	果戈里（Gogol）《欽差大臣》（The Inspector General）
1997	洪秀玉歌劇團	黃英雄《聖劍平冤》	莎士比亞（William Shakespeare）《哈姆雷特》（Hamlet）
1997	薪傳歌仔戲團	廖瓊枝《黑姑娘》	格林童話（Grimms Märchen）《灰姑娘》（Cinderella）
1998	復興劇校國劇團	鍾傳幸等《羅生門》	芥川龍之介《竹藪中》
1999	復興劇校國劇團	鍾傳幸《森林七矮人》	《格林童話》（Grimms Märchen）〈白雪公主〉（Snow White）
1999	唐美雲歌仔戲團	柯宗明、施如芳《梨園天神》	卡斯頓・勒胡（Gaston Louis Alfred Leroux）《歌劇魅影》（Le Fantôme de l`Opéra）
1999	臺灣戲曲專科學校	鍾傳幸《出埃及》	《舊約聖經・出埃及記》（Exodus）《十誡》（The Ten Commandments）
2000	國立國光劇團豫劇隊	魏明倫《中國公主杜蘭朵》	普契尼（Puccini）《杜蘭朵》（Turandot）

2001	當代傳奇劇場	吳興國《李爾在此》	莎士比亞（William Shakespeare）《李爾王》（King Lear）
2001	秀琴歌劇團	莊金梅《罪》	索福克里斯（Sophocles）《伊底帕斯王》（Oedipus）
2001	河洛歌子戲團	游源鏗《彼岸花》	莎士比亞（William Shakespeare）《羅密歐與茱麗葉》（Romeo and Juliet）
2002	臺北新劇團	鍾幸玲《胭脂虎與獅子狗》	莎士比亞（William Shakespeare）《馴悍記》（The Taming of the Shrew）
2004	當代傳奇劇場	習志淦《暴風雨》	莎士比亞（William Shakespeare）《暴風雨》（The Tempest）
2004	臺灣歌仔戲班	劉南芳《路得記》	《舊約聖經‧路得記》（Ruth）
2004	臺灣戲曲專科學校	林顯源《無事生非》	莎士比亞（William Shakespeare）《無事生非》（Much Ado About Nothing）
2004	戲點子工作坊	張旭南《仲夏夜之夢》	莎士比亞（William Shakespeare）《仲夏夜之夢》（A Midsummer Night's Dream）
2005	當代傳奇劇場	吳興國《等待果陀》	貝克特（Samuel Barclay Beckett）《等待果陀》（Waiting For Godot）
2005	臺北新劇團	鍾傳幸《白雪公主與七矮人》	《格林童話》（Grimms Märchen）〈白雪公主〉（Snow White）
2005	戲點子工作坊	張旭南《誰都有秘密》	惹內（Jean Genet）《女僕》（Les Bonnes）
2006	海山戲館	林紋守《惡女嬌妻》	莎士比亞（William Shakespeare）《馴悍記》（The Taming of the Shrew）
2006	唐美雲歌仔戲團	施如芳《梨園天神桂郎君》	卡斯頓‧勒胡（Gaston Louis Alfred Leroux）《歌劇魅影》（Le Fantôme de l`Opéra）

2006	臺灣歌仔戲班	劉南芳《逃城記》	《舊約聖經‧申命記》（Deuteronomy）
2007	尚和歌仔戲團	梁越玲《醜女的婚禮》	羅傑‧藍瑟霖‧格蘭（Roger Gilbert Lancelyn Green）《亞瑟王與圓桌騎士》（Knights of the Round Table）
2007	國立臺灣戲曲學院	張旭南《熱天兮戀夢》	莎士比亞（William Shakespeare）《仲夏夜之夢》（A Midsummer Night's Dream）
2007	臺灣春風歌劇團	蘇芷雲《威尼斯雙胞案》	卡羅‧高多尼（Carlo Goldoni）《威尼斯雙胞案》（The Venetian Twins）
2008	臺北新劇團	李寶春《弄臣》	威爾第（Giuseppe Verdi）《弄臣》（Rigoletto）
2008	當代傳奇劇場	吳興國《等待果陀》	貝克特（Samuel Beckett）《等待果陀》（En attendant Godot）
2008	戲點子工作坊	蔡依雲《瑣事》	蘇珊‧葛蕾斯貝（Susan Glaspell）《瑣事》（Triffles）
2008	芝山雅韻戲劇團	曾郁珺《冤家路窄》	莎士比亞（William Shakespeare）《無事生非》（Much Ado About Nothing）
2009	國立國光劇團	王安祈《歐蘭朵》	吳爾芙（Virginia Woolf）《歐蘭朵》（Orlando）
2009	臺灣春風歌劇團	蘇芷雲《雪夜客棧殺人事件》	阿嘉莎‧克莉絲蒂（Agatha Mary Clarissa Christie）《東方快車殺人事件》（Murder on the Orient Express）
2009	臺灣豫劇團	彭鏡禧、陳芳《約／束》	莎士比亞（William Shakespeare）《威尼斯商人》（The Merchant of Venice）
2010	戲點子工作坊	張旭南《女僕》	惹內（Jean Genet）《女僕》（Les Bonnes）
2011	尚和歌仔戲團	梁越玲《牟尼之瞳》	莎士比亞（William Shakespeare）《奧塞羅》（Othello）

2011	春美歌劇團	蔡欣欣、陳玟利《我的情人是新娘》	愛爾蘭神話《崔斯坦與伊索德》（Tristan und Isolde）
2011	一心歌劇團	孫富叡《狂魂》	中世紀傳說及歌德《浮士德》（Faust）
2011	臺灣歌仔戲班	劉南芳《約瑟的新衫》	《舊約聖經‧創世紀》（Genesis）
2011	李清照私人劇團	劉亮延《作淫愁》	寺山修司《青森縣的駝子》
2012	國立國光劇團	紀蔚然《艷后和她的小丑們》	莎士比亞（William Shakespeare）《安東尼和克莉奧佩特拉》（Antony and Cleopatra）
2012	一心歌劇團	劉建幗《Mackie 踹共沒？》	布萊希特（Bertolt Brecht）《三便士歌劇》（Die Dreigroschenoper）
2012	臺灣歌仔戲班	劉南芳《拿伯的葡萄園》	《舊約聖經‧列王記》（1 Kings）
2012	臺灣豫劇團	彭鏡禧、陳芳《量‧度》	莎士比亞（William Shakespeare）《惡有惡報》（Measure for Measure）
2014	榮興客家採茶劇團	彭鏡禧、陳芳《背叛》	莎士比亞（William Shakespeare）《卡丹紐》（Cardenio）
2015	尚和歌仔戲團	梁越玲《半人》	雨果（Victor Marie Hugo）《巴黎聖母院》（Notre-Dame de Paris）
2015	臺灣豫劇團	彭鏡禧、陳芳《天問》	莎士比亞（William Shakespeare）《李爾王》（King Lear）
2016	當代傳奇劇場	吳興國《仲夏夜之夢》	莎士比亞（William Shakespeare）《仲夏夜之夢》（A Midsummer Night's Dream）
2016	戲點子工作坊	吳明倫《噬心者》	莎士比亞（William Shakespeare）《奧賽羅》（Othello）

　　由上表可知，西方文藝作品經歷多年而成為典律（canon formation），而臺灣傳統戲曲的跨文化改編也宗經於此，尤以莎士比亞的劇作為大宗。上表所提及的文藝作品皆載負盛譽，甚至已經歷多次的改編與演出，但對於以河

洛（福佬）話、歌仔調爲語文及聲腔的歌仔戲而言，其演出後的反應褒貶不一，跨文化編演作爲一種嘗試，應當有更周密的觀察與探究。

京劇的跨文化改編從摸索、試探，屢有創發，有漸入佳境的成長。然而歌仔戲在跨文化改編上無法卸除「私訂終身後花園，落難公子中狀元，才子佳人大團圓」這類的包袱，往往讓改編變得荒腔走板，頗有畫虎不成反類犬之憾。豫劇跨文化編演在臺灣的發展較前二劇種晚，但也因爲有更多參考資料，所以改編的成果較契合原著，尤其「臺灣豫劇團」接連推出「豫莎劇」《約／束》、《量·度》、《天問》，發展穩健而踏實。客家戲方面，由於跨文化改編的嘗試較晚，且目前僅只《背叛》一部作品，後勢如何有待觀察，暫無評論。

由於各劇種在跨文化編演的發展情況大不相同，以下分類介述：

一、京劇的跨文化改編

1981 年，尤內斯柯（Eugene Ionesco）受邀來臺，在胡耀恆、黃美序等戲劇學者安排下，委由空軍「大鵬劇隊」支援演出《席》（1981），是戲曲跨文化改編的首次嘗試，雖則豐富京劇的表現，但由於荒謬劇的形式被改動，使其內涵有所折損。〔註25〕時隔約五年，吳興國有感於戲曲藝術漸顯薄暮氣色，籌組當代傳奇劇場無非是爲了開創京劇的表演機運，接連推出《慾望城國》（1986）、《王子復仇記》（1990），其表演藝術仍扎根傳統，尋向莎士比亞的劇作取得養料，爲傳統戲曲劈殺出一條可試行的出路。

隨時代的變動，愈趨開放、多元的社會文化，讓藝文表演有更自由發揮的形式和題材，當代傳奇劇場所推出的《慾望城國》、《王子復仇記》或可視爲試水溫的跨文化改編作品，之後上演的《樓蘭女》（1993）、《奧瑞斯提亞》（1995）的表演則模糊了傳統戲曲與現代戲劇的分野，尤其《奧瑞斯提亞》邀約謝喜納執導，以「環境劇場」的形式展演，使得京劇表演有更加前衛的發展，不過也引發許多爭議，但可以確知的是，這般嘗試具有前衛風格，也增添跨文化改編的經驗，對於跨文化改編、表演的應用，可視所需而加以調適。

復興劇校國劇團《羅生門》轉化原著小說《竹藪中》「各說各話」的特色，據此組構成戲，手法寫實且導演調度妥善，但從跨文化改編的論點來看，劇情、唱段的編寫是主要改編所在，其它表演手法仍本於京劇傳統。隔年推出

〔註25〕黃千凌：〈當代臺灣戲曲跨文化改編（1981～2001）〉（前引書），頁 35～37。

的《森林七矮人》不但結合傳統戲曲的表演元素,具有童話美感,還富有教育意義,是一齣適合兒童欣賞的戲曲作品。

　　國立臺灣戲曲專科學校(今國立臺灣戲曲學院)《出埃及》改編自《舊約聖經‧出埃及記》,並參考《十誡》的電影情節,再一次擴充京劇搬演的題材,但面對宗教課題不免也有意識困擾,是要強調藝術的主體,還是回歸宣教的意圖,不過,全劇在服飾裝扮、舞臺技術方面融入埃及風,確實構設出猶如淌涉紅海的意象。

　　21世紀起,臺灣京劇在跨文化改編及表演形式上持續拓展格局,在跨界合作的運作下,「當代傳奇劇場」又推出《李爾在此》、《暴風雨》、《等待果陀》等作品,表現不俗且凸顯出邁向世界劇場的企圖與遠見。臺北新劇團展演《胭脂虎與獅子狗》、《弄臣》等劇,作為跨文化改編的初步進展。此外,「戲點子工作坊」也積極投入跨文化的改編,在2004年推出《仲夏夜之夢》後,將改編的目標放在莎士比亞以外的劇作,《誰都有秘密》、《瑣事》也展現獨特的風格。國立國光劇團維持出色的表現,穩居臺灣京劇界的龍頭,在王安祈擔任藝術總監後亦積極嘗試深掘人物內心,邁向實驗戲路,立下頗為穩固的基礎,近年演出的《歐蘭朵》、《艷后和她的小丑們》也廣受注目。

　　整體而言,京劇的現代化、跨文化改編起步較早,積累了相當豐富的經驗,在跨文化改編上多半能掌握原著精髓並予以詮釋,而較為前衛、實驗性質的表演也能獨樹一格,建立口碑,往後的發展備受矚目。

二、歌仔戲的跨文化改編

　　臺灣京劇接連有跨文化編演的劇作登臺演出,這對歌仔戲劇團來說亦是值得嘗試的方式,但打頭陣的《欽差大臣》、《聖劍平冤》似未領受京劇跨文化編演的前車之鑑,一廂情願地以「才子佳人」角色設定來鋪排劇情,反倒鑄成敗筆。

　　河洛歌子戲團《欽差大臣》改編自果戈里的《欽差大臣》,大致沿原著的情節發展,時空替換成清代臺灣。全劇最大的問題在於人物形象扁平,敷演通俗的浪漫愛情劇卻使得原著諷刺、譴責的特質模糊失焦。〔註26〕

　　洪秀玉歌劇團《聖劍平冤》改編自莎士比亞的《哈姆雷特》,但情節經過拆解、重組,悖離原著情節安排與人物塑造,綜觀全劇表演流露出外臺風格,

---

〔註26〕石光生:《跨文化劇場:傳播與詮釋》(前引書),頁110～116。

反倒與現代化戲曲的理念有所隔閡，且以喜劇收場，扭曲原著的精髓與內涵。

　　與此同時，薪傳歌仔戲團演出了《黑姑娘》，該劇由歌仔戲藝師廖瓊枝集編、導、演之功，是一部強調孝悌的兒童戲曲，或許考量到教育意義，因而設定成後母知過反省的大團圓結局，與原著有相當大的差異。

　　邁入 21 世紀時，唐美雲歌仔戲團《梨園天神》、「秀琴歌劇團」《罪》、「河洛歌子戲團」《彼岸花》等作品接連問世，在跨文化改編上顯然過於特立獨行，幾乎完全以臺灣歌仔戲的主觀角度看待外國文藝作品，尤其前二者大刀闊斧的改編手段使得劇作少了雋永的意涵。在這之後陸續又有其他劇作登臺亮相，但值得思考的是，同樣是改編莎士比亞劇作，京劇、豫劇改編莎士比亞作品的成果搏得不少好評，但歌仔戲版本除了《彼岸花》之外，《無事生非》、《惡女嬌妻》、《熱天兮戀夢》的評論則顯冷清，反襯出莎士比亞戲劇的深奧幽微和歌仔戲改編的輕率妄為。

　　推翻前作而出的《梨園天神桂郎君》，則在跨文化編演、跨界合作的嘗試下，打造出近似音樂劇的歌仔戲，忽略了先前幾部作品跌跌撞撞的改編進程，雖然該劇獲得金鐘獎肯定但引發的議論卻也不小。當然，這不表示歌仔戲跨文化的嘗試沒有長進，可以確信的是，歌仔戲在跨文化改編與跨界合作上的實驗並沒有止步，也沒有影響其他劇團對此退卻。

　　從業餘發展到專業的臺灣春風歌劇團，對跨文化編演相當用心，推出《威尼斯雙胞案》、《雪夜客棧殺人事件》獲得不少注視，得以在年輕一輩的表演者身上看到對歌仔戲創新表現的熱情。近年尚和歌仔戲團《牟尼之瞳》、春美歌劇團《我的情人是新娘》和一心歌劇團《狂魂》也都是跨文化改編的作品，《牟尼之瞳》標榜為前衛的實驗劇，融入佛理並以戲中戲結構呈現，在目前歌仔戲作品中是少有的表演形式，其表演頗耐人尋味。《我的情人是新娘》、《狂魂》則把改編的視野放在名家以外的神話、傳說，拓展取徑。

　　總體而言，歌仔戲的跨文化編演往往未能擺脫刻意花俏、尚俗的風格，在改編方面若能多加衡量、思慮，避免刻意形塑生旦情愛的情節，或許能突破現況而別具成就。

三、豫劇的跨文化改編

　　臺灣豫劇跨文化編演的起步較京劇、歌仔戲晚很多，但也因為諸多前例的利弊得以借鑑，所以跨文化改編的作品較有品質保證。2000 年上演的《中

國公主杜蘭朵》早有川劇版本爲借鏡，在改編上也依循普契尼《杜蘭朵》歌
劇架構，雖則平穩但少了新鮮感。2009 年在彭鏡禧、陳芳兩位學者的參與下，
再次演繹莎士比亞作品，推出《約／束》展現了豫劇不凡的包容力，之後的
《量・度》及《天問》再一次驗證「豫莎劇」的可行性。就這三部來看臺灣
豫劇的跨文化改編成果，誠可謂量少質精，實有創發。

　　本節彙整並評述臺灣跨文化戲曲的改編成果，見識到京劇的跨文化改編
步調頗爲快速，且實驗企圖較強，已有一番新氣象；豫劇起步雖晚，但發展
穩健不容小覷；歌仔戲在取材方面大有斬獲，但改編的策略猶待權衡，應避
免落入俗套而故步自封，嘗試與眾不同的創發並非不可行，但應審時度勢合
乎情理，以免遭受譁眾取寵的誹議。

第四節　當代臺灣跨文化戲曲研究成果

　　「跨文化劇場」的概念源自外國，而後在臺灣學者的鑽研探究下，亦有
不少見解及詮釋，相關論述於近年漸增。戴雅雯（Catherine T. C. Diamond）
所著之《做戲瘋，看戲傻：十年所見臺灣劇場的觀眾與表演（1988～1998）》
是較早的專論，該書主要探討小劇場的演出景況與現象，在〈臺灣劇場的跨
文化改編：橋梁或是裂痕？〉一文明確指出：外國文本臺灣化的侷限在於爲
了更接近觀眾而過度簡約，缺乏經驗與內涵，頗有迴避詮釋之虞。〔註 27〕顯
見臺灣起初的跨文化改編策略主要符應「中體西用」原則，對於原著的精神
意識或思想內涵，缺乏了細膩的探究與詮釋。

　　在此之後，石光生、段馨君所論尤其重要。

一、臺灣學者對於跨文化劇場的探究

　　石光生《跨文化劇場：傳播與詮釋》探討劇場藝術跨文化的傳播、詮釋
兩大議題，以臺灣篇、外國篇分述。臺灣篇探討 1920 年代至今的跨文化劇場

〔註 27〕 戴雅雯認爲：「僅移置文本可能會忽視根據原作脈絡瞭解文本所必須面對的困
　　　　難，也不用去考慮到底要藉由文本說些什麼，因爲轉移到臺灣（或中國）」本
　　　　身就添加了可能取代詮釋的新的文化意義。」戴雅雯：《做戲瘋，看戲傻：十
　　　　年所見臺灣劇場的觀眾與表演（1988～1998）》（臺北：書林出版有限公司，
　　　　2000 年 07 月初版）。

發展，追溯話劇、臺語新劇、舞臺劇、歌仔戲、布袋戲改編外來劇本的經驗；外國篇則分析 16 至 19 世紀英國戲劇對德國戲劇的跨文化影響，介述廉茲（Jacob Michael Reinhold Lenz）與布希納（Georg Büchner）的戲劇理論與劇作技巧，並評析莫里哀對俄國戲劇的激發與影響。

段馨君《跨文化劇場：改編與再現》開篇即介紹跨文化主義理論，各別指出諸位劇場導演或戲劇學者的跨文化理念與爭論，綜觀西方對亞洲劇場的影響外，並探討彼得・布魯克（Peter Brook）的《摩訶婆羅達》（*Le Mahabharata*）、理查・謝喜納（Richard Schechner）的《哈姆雷特》（*Hamlet*）等劇場表演為例證，闡述中西文化交流後，再戲劇化的跨文化劇場表演。全書論述涉及跨文化主義（Interculturalism）、東方主義（Orientalism）、女性主義（Feminism）、表演研究（Performance Studies）、性別研究（Gender Studies），對跨文化劇場的觀察視角大幅擴展。

在其《凝視當代臺灣劇場：女性劇場、跨文化劇場與表演工作坊》也嘗試在「東方」與「西方」的指涉環境和表演背景下，解析東、西方兩大體系的對立關係與複雜的交流互動，其中關於跨文化主義的論述，藉艾麗卡・費雪麗希特（Erika Fischer-Lichte）的「再戲劇化」（retheatricalization）概念，評論謝喜納「選擇性文化」（Culture of Choice）及「烏托邦式夢想」（Utopian Dream）這兩種跨文化構想。

《西方經典在臺灣劇場：改編與轉化》一書援用戲劇、文學理論，以跨文化主義、東方主義與後殖民（女性）主義的理論，析論當代傳奇劇場《暴風雨》（The Tempest）、羅柏・威爾森執導之《歐蘭朵》與《鄭和1433》、張藝謀執導之《杜蘭朵》及「臺灣豫劇團」的「豫莎劇」《約／束》，探討經典文本改編，以在地化的劇場再現轉化來賦予新意義，此種研究徑路可為劇場研究帶來跨國、跨領域的新視野。

二位學者詳述了跨文化劇場的理論，並建構劇作的析論方法，在通曉跨文化劇場理論後，可作為本論文的立論根據，進而品鑑當代臺灣歌仔戲跨文化編演之劇作。

二、臺灣戲曲跨文化改編現象與研究

石光生在〈近來臺灣傳統戲曲的歐洲作品改編〉一文中，述及歌仔戲《欽差大臣》在原著文化與標的文化間的辨析、移轉有頗大落差，使得原著的戲

劇特質無法被闡發。這樣的情況正是歌仔戲在跨文化改編過程中最大的問題，尤其是歌仔戲早期嘗試跨文化改編的《欽差大臣》、《聖劍平冤》、《梨園天神》、《罪》、《彼岸花》等作品都有這樣的狀況，相對於京劇跨文化編演的漸入佳境，歌仔戲在此領域面臨了不小的困境。

朱芳慧《跨文化戲曲改編研究》探討臺灣如何展現全球化的戲曲劇場藝術風貌，從其改編創作的成果之中，取其菁、撮其華，加上從名家理論所獲致的心得，來建立個人初步的理論根據。〔註28〕朱芳慧點出了戲曲現代化後，另尋跨文化改編的出路：

> 戲曲現代化爲當代學者共同關心的研究議題，其中藉助西方名劇作「跨文化」性的移植與改編蔚爲風潮。在中西文化交流頻繁的今天，跨文化的改編劇目，從中寄寓作品對現代社會的意義。跨文化改編劇目之研究，已成爲世界性的學術話題，而戲曲現代化，主要是藉助西方名劇將經典搬上舞臺，作爲跨文化、跨藝術、跨劇種的移植與改編，也屢見於兩岸現代劇場。〔註29〕

誠如其所言，傳統戲曲在現代化、跨文化之下，已有一定的成果，且會持續發展下去，相對地，關於跨文化戲曲的設計實踐或理論批評也該有所進展，劇作家、表演者與學者通力合作，或可讓跨文化戲曲創造出更爲穩健的局面。

陳芳近年與彭鏡禧合編了「豫莎劇」《約／束》和《量・度》，並致力於「莎戲曲」〔註30〕的研究，纂輯出版《莎戲曲：跨文化改編與演繹》一書。〔註31〕全書導言先行定義「莎戲曲」此一專有名詞，概述亞洲劇場搬演莎士

〔註28〕 緒論梳理了東西方戲劇的跨文化碰撞、跨文化現象、跨文化交流所呈現的「跨文化戲劇」和「跨文化戲曲」成果，並彙整眾多名家對於「跨文化劇場」的定義與理論，分析東、西方劇場跨文化的詮釋與實踐。全書以「當代傳奇劇場」《慾望城國》(京劇)、「臺北新劇團」《弄臣》(京劇)、「河洛歌子戲團」《彼岸花》(歌仔戲)、「貢市川劇團」《中國公主杜蘭朵》(川劇)爲主要研究對象，論述其改編重點與藝術特色。朱芳慧透過「跨文化戲曲」改編的途徑，探討當代戲曲藝術及其劇場風貌，認爲戲曲跨文化改編是戲曲現代化務實可行的方法，爲「跨文化戲曲」定位並闡揚其價值。

〔註29〕 朱芳慧：《跨文化戲曲改編研究》(前引書)，頁63。

〔註30〕 陳芳將「莎戲曲」定義爲「從莎士比亞戲劇改編而成（由眞人扮演）的中國傳統戲曲，並以英文 Shake-xiqu 名之。」參閱陳芳：《「莎戲曲」：跨文化改編與演繹》(臺北：國立臺灣師範大學出版中心，2012年06月初版)，頁2。

〔註31〕 陳芳採用丹尼斯・甘迺迪 (Dennis Kennedy)、琳達・赫全 (Linda Hutcheon) 等學者的理論，視改編爲一獨立個體，從文化、劇種、情節、語言、程式等

比亞劇作的情況，提出析論「莎戲曲」應有文化的移轉、劇種的特性、情節的增刪、語言的對焦及程式的新變這五項焦點，據此建構「莎戲曲」的戲曲主體性。〔註32〕陳芳進一步論及：

> 中國戲曲品類繁多，各個劇種亦自有語言、腔調、表演等特性。因應劇種之殊性，改編宜先考量原著的故事題材，擇取精義；於文化移轉上多所用心，盡量保留原著的思想意涵，予以文化情境合理的詮釋。而在情節段落的安置與唱詞、唸白的編撰上，參考一個較精確的中譯本，應可保障改編最基本的內容品質。對於既定的戲曲程式，不妨跳脫傳統的框架與思維，運用某些異質元素或藝術手段，刺激主創人員更活潑、更有創意的來進行改編。那麼，程式的制約，或能形成豐富表演的籌碼，而非僵化的負擔。雖然跨文化改編不可能完全忠於原著，但本諸取精用宏的態度，當代戲曲的演繹光譜，必能增加幅度與色澤。〔註33〕

陳芳認為跨文化改編須思索深層的文化意涵，留意改編文本的文義格局，並且要考慮劇種特性以及它和原著題材結合的適切性，避免流於挪用故事的外殼而無法演繹原著的思想精義。

綜合以上所述，從事跨文化改編必須先細膩地考察原著文化，也須留意戲曲的本質。傳統戲曲為了顧全劇情的流暢發展，也得預留戲曲唱、唸、做、打的表演時間，在情節增刪上必須拿捏妥當，注意改動的部分是否合理、能否兼顧原著的多義性與思想性，甚至創發更為精妙的情節段落。除此之外，戲劇語言的轉譯、戲曲化是必須克服的難題，須追求精準的語言才能讓戲劇唱、唸合情合理以推展劇情；最要緊的是，傳統戲曲屬於寫意性、程式性的表演，若為了因應劇種的特性，限制了語言、音樂等設計則未必有益，程式不應成為表演的束縛，而要能夠隨時代變遷而轉化、創新，豐富內涵才能擴張表演的可能性。

> 不同層面，論述「莎戲曲」（從莎士比亞戲劇改編而成的傳統戲曲）改編與演繹的策略，以莎士比亞編寫的《威尼斯商人》、《哈姆雷特》、《暴風雨》、《馬克白》、《馴悍記》、《李爾王》、《羅密歐與茱麗葉》和《無事生非》等所衍異的「莎戲曲」為討論對象，論述範疇涵蓋崑劇、京劇、豫劇、越劇、粵劇、黃梅戲及歌仔戲。陳芳以理論見解與實務經驗，建構「戲曲主體性」為基礎的跨文化詮釋理念。

〔註32〕陳芳：《「莎戲曲」：跨文化改編與演繹》（前引書），頁 2～8。
〔註33〕陳芳：《「莎戲曲」：跨文化改編與演繹》（前引書），頁 43～44。

　　當代戲曲表演在跨文化改編、跨界〔註34〕合作的實驗後，累積了求新求變的潛能，這樣的潛能是否有被妥善的開發、引導、運用？這是在評述跨文化戲曲必須要關注的一點，對於原著避免誤讀之外，也應避免誤用劇場藝術或表演形式，才能讓戲曲展演發揮其特質而不失文本意涵。

　　世界文化交流逐漸頻繁，彼此接觸、調適乃至融合，而進行不同區域、文化的戲劇比較研究時，應先認識彼此創作原理、觀念與形式等方面的異同，歸納互相影響的經驗與結果，以外國戲劇為借鑑，有助於在地戲曲的自省與改進。〔註35〕

〔註34〕20 世紀的表演領域逐漸產生跨越不同劇種，跨越不同藝術類型的實驗作品產生，名曰「跨界」。從廣義的角度來看，跨界的概念可與各種生活行為連結，包括各類商業產品、行銷方法、科技創新等等。自表演藝術的角度觀察，跨界的表演活動，追求的是藝術元素的重組與再製。
〔註35〕饒芃子：《中西戲劇比較教程》（廣東：高等教育出版社，1989 年初版），頁 1。

第三章 《歌劇魅影》音樂劇與電影之改編與評述

　　我們所熟知的《歌劇魅影》（*The Phantom of the Opera*）音樂劇或電影，改編自法國作家卡斯頓・勒胡（Gaston Leroux，1868～1927）[註1]的同名小說，取材拿破崙三世（法語：Napoléon III，1808～1873）時代一棟歌劇院建築的事蹟，以一段子爵與歌伶私奔的苦戀，混合著恐怖共和時期沉冤地下的史事筆綴而成。勒胡化身為尋求解開這沉冤謎題的研究者，穿鑿信史確有其人的人物作為見證，將虛構的小說情節與真實事件契合，全書讀來令人難辨真偽。

　　為求文中引據有所依歸，本文選自楊玫的譯本（可譯作「劇院之鬼」，臺灣「歌劇魅影」翻譯用詞加以美化）。[註2]

〔註1〕卡斯頓・勒胡（Gaston Leroux，1868～1927）出生於法國巴黎，自幼熱愛文學，但在父親的期盼下學習法律，求學期間的文學創作屢屢獲獎。31 歲時獲得法學學位、律師執照，但因揮霍成性而散盡父親的遺產。1890 年起擔任法庭書記，1894 年起擔任《巴黎晨報》特派員，曾報導 1905 年的俄國革命及巴黎歌劇院的地窖在巴黎公社時期如何成為地牢。1907 年辭去記者工作，全心投入文學創作，在其文學造詣、法學專業與報導寫作歷練下，所寫出的小說虛實交錯頗為可觀。先後發表《黃色房間的秘密》（*Le Mystère de la Chambre Jaune*，1908）、《黑衣女子的香氣》（*Le Parfum de la Dame en Noir*，1909）、《歌劇魅影》（*Le Fantôme de l`Opéra*，1911），其推理小說成就可與英國的柯南道爾（Conan Doyle，1859～1930）相比擬。

〔註2〕卡斯頓・勒胡著、楊玫譯：《歌劇魅影》（臺北：遠流出版事業股份有限公司，2009 年 06 月三版）。

第一節　卡斯頓・勒胡《歌劇魅影》之敘事與解讀

　　《歌劇魅影》的寫作動機源於巴黎歌劇院自籌建至落成後不斷的意外，興建劇院時，因 1870 年爆發普法戰爭，隨後進入共和時期，使得巴黎歌劇院的工程被迫停擺，甚至一度淪為囚禁戰犯、政治犯的場所。1875 年，巴黎歌劇院落成，但頻頻傳出鬧鬼事件，又發生觀眾席上方的巨型吊燈傾斜下墜的情況，不少的突發狀況頻增歌劇院困擾（參閱下表 3-1）。

表 3-1　巴黎歌劇院興建簡史

年代	巴黎歌劇院興建進度
1859 年	拿破崙三世任命奧斯曼男爵（Baron Haussmann）負責巴黎都市改造計劃。
1860 年	巴黎歌劇院設計圖徵選由建築設計師嘉尼爾（Charles Garnier）獲選。〔註3〕
1861 年	巴黎歌劇院開始興建。
1870 年	因普法戰爭導致劇院工程停擺。
1875 年	巴黎歌劇院落成。
1896 年	巴黎歌劇院觀眾席大廳巨型吊燈掉落。

　　《歌劇魅影》即是以此地為故事主要場景，穿鑿附會地述寫魅影與女伶的故事。〔註4〕整部小說圍繞在眾人對於「魅影」的恐懼，眾人對謎樣存在的魅影一無所知，詭譎事件層出不窮，宛若一齣劇情曲折離奇、光怪陸離的歌劇，每一根琴／情弦牽引出每一個音符的不可思議。原著小說即是透過文字與音樂交響、共鳴，呈現和而不同的情調。

　　小說計 33 章，首尾各安楔子、後記，全書的敘事手法獨樹一格，推理探密頗能引人細讀窺秘。〔註5〕勒胡的寫作手法逼真，彷彿真有其事一般。莊裕安即表示：

　　　　閱讀這小說最大的樂趣，便是追蹤真與幻的交纏糾葛。勒胡不斷「用

〔註3〕 巴黎歌劇院的建築預定地土質鬆軟，為避免日後地下水氾濫危及建築主體，設計師嘉尼爾將地下五層建築設計成排水用的地下水道，並充分利用水力做為舞臺機械換景的動力。

〔註4〕 參閱自卡斯頓・勒胡著、楊玫譯：《歌劇魅影》（前引書）之書衣。

〔註5〕 亦有版本為 26 章，前後各安序篇、尾聲，但內容不變。

愛倫坡〔註6〕來打結」，然後再「以柯南道爾〔註7〕來解套」。艾瑞克
被描寫成走遍大江南北，在俄羅斯、蘇丹、波斯學過各種馬戲魔術、
腹語、機關模型的異人，建築和音樂是他最拿手的老本行。他在小
說中，幾乎是扮演「全知觀點」的，但微妙的是，作者在描寫他的
言行舉止時，又只能不斷猜測。

就《歌劇魅影》的筆法來說，實是結合作家與記者的特長，穿鑿附會、
化虛爲實，善於營造驚悚詭譎的氣氛，卻又冷淡地敘述整起事件的前因後果，
勒胡憑藉著過人的邏輯感知，組織事件的諸多細節，適時地讓各個人物自白，
引起讀者解謎、推理的興致。

這部小說是往後各改編作品的依歸，以下敘述其本事、情節，無足輕重
的人物則不註記其原文名字。

一、情節敘事的編排

楔子寫道，這個故事是本書作者敘述「他」如何追查「魅影」的事蹟，
並證明魅影確實存在於世。敘述者（narrator）著手調查國家音樂學院彙編的
資料，目睹關於魅影的紀錄而震驚，原以爲駭人聽聞的事蹟是虛構捏造的故
事，實則暗藏玄機而讓人難以置信。邱瑗、楊忠衡在《歌劇魅影：解讀面具
與歌劇背後的魔幻世界》亦提到：

> 勒胡在序篇一開始，就以報導社會新聞般的口吻，以自己「親身」
> 到國家音樂院的檔案室，找到許多與坊間流傳「魅影存在歌劇院」
> 的記錄、劇院經理的回憶錄，加上他跟關係人之一「波斯人」（波斯
> 探長）的訪談錄，以證實「歌劇院魅影」的存在及二男一女的愛情
> 悲劇社會事件。在故事展開之後，除援引劇院經理的回憶錄佐證外，
> 多以勒胡第一人稱的主述及評析各個關係人或事件──儼然又回到
> 早年寫社會新聞的記者身分；小說的後半部則以波斯人爲「第一人
> 稱」的事件紀實，直到最後一章，才又回到勒胡「專訪」波斯人。
> 勒胡以「波斯探長」爲「眞實人物」的可信度，來證明「疑似人類」

〔註6〕 愛倫坡（Allan Poe，1809～1849），美國作家，以懸疑、驚悚小說享譽盛名，
　　　　公認是推理小說、科幻小說的催生者。

〔註7〕 柯南道爾（Conan Doyle，1859～1930），英國推理小說作家，創造出聞名世
　　　　界的小說主角──名偵探福爾摩斯。

的魅影的確存在。〔註8〕

敘述者著手進行調查時，查閱了劇院經理孟夏曼《一個劇院經理的回憶錄》，拜訪審理夏尼伯爵事件的法官法爾和熟悉魅影機關手法的「波斯人」等人，並取得波斯人記事手稿。敘述者將所見所聞的資料、訊息及個人的考證予以彙整、組織，寫就一篇貌似小說的調查報告。勒胡寫來煞有其事，莫不讓人佩服其寫作技巧與文藝精魄。

全書敘事手法紛呈，構設全書重重謎難。小說開篇第一章，巴黎歌劇院將卸任的戴恩比、白里尼兩位經理爲自己舉辦餞別晚會，卻傳出魅影出沒並計殺機械師喬瑟夫於舞臺地下三樓的佈景間。餞別晚會上正演出《浮士德》，初試啼聲的克莉絲汀（Christine）取代了名角卡洛塔（Carlotta），演出瑪格麗特一角獲得觀眾激賞、佳評如潮。演出結束當下，克莉絲汀仿若在表演中奉獻出自身的靈魂，藉以成就一場技藝精湛亮眼的展演（如同浮士德爲追求生活樂趣，向惡魔締結契約出賣靈魂一般）。〔註9〕當晚前來觀賞的勞爾・韓晤子爵（Vicomte Raoul de Chagny）發現克莉絲汀即是他兒時的青梅竹馬，特別到她的休息室關心她的近況並敘舊情往事，而後發現克莉絲汀在休息室中與一個「男聲」對話，心懷醋意的他意欲與克莉絲汀重享兒時親密，介入了魅影艾瑞克與克莉絲汀師生之間。克莉絲汀雖然一唱成名，但演藝事業並非一路順遂，因知曉艾瑞克的秘密，而時時處於惶恐的狀態，登臺表演時好時壞。

小說中穿插了新任劇院經理李查、孟夏曼與艾瑞克（Erik，魅影的眞實名稱）的鬥爭，兩位經理視艾瑞克責付的〈責任歸章〉爲戰帖，〔註10〕之後在演出《浮士德》當天，歌劇院馬隊中的凱薩（馬名）失蹤、卡洛塔演唱時發出「呱」的刺耳蛤蟆聲、千斤重的劇院吊燈掉落壓死一名中年婦人（即將取代吉瑞夫人而成爲 2 樓 5 號包廂服務員）等事情接連發生，讓眾人對於魅影更加畏懼。

克莉絲汀在此事故之後前往貝洛鎮（艾瑞克答應克莉絲汀將在她父親墓

〔註8〕 邱瑗、楊忠衡：《歌劇魅影：解讀面具與歌劇背後的魔幻世界》（臺北：國立中正文化中心，2006 年 01 月初版），頁 79。

〔註9〕 浮士德（Faust，或作 Faustus），歐洲中世紀傳說學識淵博的巫師或占卜師，傾慕知識與權力而向魔鬼出賣自己的靈魂，在文學、音樂、歌劇、電影等文藝作品皆有其形跡，尤以歌德《浮士德》、白遼士《浮士德的天譴》及古諾《浮士德》等最負盛名。本文視《浮士德》爲一「潛文本」，容後文再細述。

〔註10〕 〈責任歸章〉中要求每月提供 2 萬法郎給劇院之鬼，並指示 2 樓第 5 號包廂無論任何表演均供其自由使用。

前，用她父親的小提琴演奏《拉薩復活》），韓晤獲悉後趕往貝洛鎮並與她會面，欲迎還拒的克莉絲汀為難地寫了封信，約韓晤出席化妝舞會，舞會上藉機向韓晤吐露她與她心中的音樂天使（即魅影）所懷的傾慕之意／藝，及無法抗拒的感受，韓晤與克莉絲汀陷入剪不斷、理還亂的感情糾結，登時克莉絲汀消失在原本所待的房間裡，這令韓晤起疑，而決心了解心中謎團。當然，他也試著「搶回」他的兒時玩伴、他的未婚妻。

克莉絲汀後來決定向韓晤坦承她與她的音樂天使切磋琢磨的歷程，兩人選在頂樓談話，克莉絲汀如實地陳述她的遭遇、被囚禁在地宮的生活與她對艾瑞克的同情，儘管韓晤不斷慫恿她立即離開劇院，善良的克莉絲汀仍堅持在隔天為她的恩師獻唱最後一齣劇曲——《浮士德》。

演出當晚，克莉絲汀在劇中召喚天使時，劇院的燈光瞬息閃滅，而克莉絲汀就憑空消失在觀眾眼前，氣急敗壞的韓晤在波斯人的指引、協助下，潛入劇院深層搭救克莉絲汀，好不容易找到直達地宮湖濱小居的途徑，卻失算掉入由六面鏡牆築成的極刑室，了悟當初機械師喬瑟夫的死因。克莉絲汀在艾瑞克的脅迫下，面臨「玉碎」（引爆歌劇院炸藥）〔註 11〕與「瓦全」（與艾瑞克結婚）的抉擇時刻，克莉絲汀允許艾瑞克擁吻她（實際上是吻了額頭）而且並沒有迴避視線，艾瑞克感受到無比的幸福，在淚眼中獲得自贖，放了他們一行人，成全韓晤與克莉絲汀這對青梅竹馬。幾天後，艾瑞克過世了，結束了他的苦戀，終結了他受人冷落而在黑暗中掙扎的一生。

二、人物形象的設定

卡斯頓・勒胡對於小說中的人物都有細膩的描繪，尤其在艾瑞克、克莉絲汀、韓晤身心方面的描寫相當突出，之後的改編文本對於這三位人物形象的設定與詮釋也各有特色。以下介述這三位人物之形象：

（一）擁有缺陷形貌與卓絕本領的劇院之鬼——艾瑞克

勒胡筆下的艾瑞克有著令人嫌棄、遠離的形貌，小說第一章即藉由劇院機械組組長喬瑟夫描述他的形貌：

「那個鬼的身子異常纖瘦，像是一具骷髏架，空洞地托撐著那一襲黑禮服。深陷的雙眼看不出是否真有瞳孔，反倒像是骷髏頭上凹陷

〔註 11〕小說中描述炸藥量多到可將四分之一的巴黎市給炸毀，在巴黎歌劇院的所有仕女名流將一同陪葬。

的兩個黑洞。貼著骨的臉皮則像是緊繃的鼓皮，不是慘白，而是更
令人不寒而慄的蠟黃。他的鼻子塌陷得幾乎完全看不見，少了鼻子
的臉看來更嚇人。前額垂著三、四撮棕色的髮絲，耳後則是叢密如
野獸的毛髮。」〔註12〕

就此看來，艾瑞克的形貌著實令人避之唯恐不及，被形容得像只見骨骸
不見血肉的骷髏一般。天生的模樣是如此，他甚至還利用這種恐怖效果為自
己增加氣勢，例如在化妝舞會時，艾瑞克穿著一身腥紅，頭上戴著特大的羽
毛帽，以骷髏頭原貌出現在舞會上，佯裝自己是死亡之神。艾瑞克令人膽寒
的外形是他的弱點，卻也是他施展權能的利器。

艾瑞克精通建築、音樂、機關設計，甚至還會發明器物，無疑是個擁有
多項稟賦、才藝的天才，但他的天才卻不見容於世，當他寄身在波斯王宮工
作時，便因過於常人的才智遭忌，被迫逃離清算的陰霾。這樣的情況反覆發
生在他流寓的國度中，以至於他晚年只求平順地藏身在巴黎歌劇院地下。

小說中描述了艾瑞克如何從劇院經理那奪得薪俸，又述及他如何通過劇
院的機關設計、陷害他人，這些伎倆比起他利用眾人對於魅影的恐懼與敬畏
來看實是雕蟲小技，正因為艾瑞克對這個劇院十分熟悉，在幾次「顯靈」之
後更順理成章地成為劇院總監，巧立名目以謀取他所要獲得的權力與物質。

此外，艾瑞克擁有卓著的音樂造詣，不僅能夠權威地評論劇場表演和劇
院行政，更別具慧眼，賞識、提拔新人克莉絲汀，當克莉絲汀沉溺於對父親
的傷懷時，還如師、如父地給予呵護，就此來看，艾瑞克卓越的本領不僅是
外顯的天賦表現，更讓人驚歎的是那難以透曉的心思。

一個不為世所用又不見容於世的人，且因為外貌的醜陋而被世人所唾
棄、排斥，對艾瑞克造成了相當大的打擊，在異樣眼光下成長的他，心靈也
受侵蝕而變得詭異，就如同克莉絲汀對他所言：「扭曲的不是你的臉，而是你
的靈魂。」

（二）憧憬音樂天使神話的孤苦歌伶——克莉絲汀

勒胡筆下的克莉絲汀其實是個平凡的女孩，但她必然有讓艾瑞克賞識的
原因，原因不外乎對音樂的愛（其實也是對父親的愛）。小說中並沒有特別著
墨描述克莉絲汀的外形，她更多時候是板著一張嚴肅、慘灰的臉，由於身陷

〔註12〕卡斯頓·勒胡著、楊玟譯：《歌劇魅影》（前引書），頁10。

恐懼之中，使得克莉絲汀的神情總少了血色，反而顯得死寂、憂鬱，似乎滿懷悲涼的心事。讀者能夠在字裡行間體會克莉絲汀的恐懼，感同身受。

在克莉絲汀重重心事之中，其實也可以窺見她的敏感與機警，即使處於劣勢也能試圖尋覓活路。當克莉絲汀第一次造訪艾瑞克的地宮時，雖然被囚禁數天，但她仍順利脫困，並且爭取到對她有利的條件。當她從舞臺上被擄至地下時，她也伺機而動，謀求援救韓晤和波斯人的機會，在在顯示出她異於常人的鎮定。當然，也有可能她已習慣了這種恐懼感，因而無所畏懼地面對眼前的困局。

小說中，克莉絲汀展現出善良溫暖的一面，她會在休息時間發些糖果慰勞、鼓勵正在學習舞蹈的女孩，也會鼓勵劇院的工作人員和裁縫師傅，就連不被注意的老傭人，她也不時前往問候探視，甚至聽聽老人們說著有關劇院的種種傳說與故事。

勒胡筆下的克莉絲汀是如此的善良淳厚，這也正是艾瑞克欣賞她的原因之一。

由於克莉絲汀自幼喪母，依賴著父親生活、奔走於世，她愛聽父親的樂聲和故事，因此在父親死後對於「音樂天使」的傳說深信不疑，當艾瑞克現聲／身時，克莉絲汀便沉浸在對音樂／父親的依戀之中，儘管韓晤跟她約定好要私奔，克莉絲汀仍堅持為艾瑞克演出最後一場《浮士德》，報答他教導之恩。善良的克莉絲汀就如同《浮士德》裡的瑪格麗特一般有著純良的心。

（三）追尋自由浪漫的慘綠子爵——韓晤

身為夏尼子爵的韓晤，少了貴族氣息和男子氣概，勒胡將他塑造成一個內向害羞且溫文儒雅的形象。小說中不時出現韓晤為愛苦惱、愁思的內心獨白，對於克莉絲汀的疏遠感到挫敗，這般純情單相思的樣貌又惹人憐惜。

韓晤不時回憶著他與克莉絲汀的童年時光，在回憶的過程中逐漸確認自己對她的情意，反覆思索之後打算為愛付出，甚至提出和克莉絲汀訂婚、私奔的請求。

韓晤並沒有多大本領，對於感情也沒有忒大的自信，對於人生只有一廂情願的期許而缺乏對現實的考量，這使得他在小說中格外怯弱，當克莉絲汀被艾瑞克擄走時，若非波斯人出手協助，韓晤失去的恐怕就不只是克莉絲汀而已。

本節概述了《歌劇魅影》原著小說情節敘事的安排與人物形象的設定，這兩項子題是影劇改編主要著墨之處，《歌劇魅影》如何改編首要關鍵在於改編者掌握的主旨是什麼？很顯然地，音樂劇和電影版本的改編者安德魯‧洛伊‧韋伯（Andrew Lloyd Webber）及喬‧舒馬克，都將劇作旨趣集中在「愛情」上，那麼故事人物必然圍繞在這三人身上，情節的增刪也勢必考量到這三人的感情發展與交集。

不容忽略的是，勒胡《歌劇魅影》其實還佈有深層的隱喻，也因此問世之後屢獲重視、數度改編。

第二節　《歌劇魅影》潛文本與流行文本影響

在《歌劇魅影》小說中，《浮士德》一劇何以演出不輟？由於勒胡有意藉「浮士德」（Faust）此一傳說人物的故事，互文（intertextuality）對照魅影艾瑞克的行徑，因此屢在小說中提及此劇。

一、浮士德靈魂的契約

卡斯頓‧勒胡屢次在小說中安排克莉絲汀演出《浮士德》歌劇，是巧合還是刻意安排？顯然這是藏有玄機的。克莉絲汀初試啼聲正是扮演了被浮士德誘愛的瑪格麗特，獲得佳評而在歌劇院佔有了一席之地。

《歌劇魅影》的影劇版本刻意略過《浮士德》不談，韋伯得以馳騁才思，以《漢尼拔》、《啞巴》和《唐璜的勝利》取而代之，一來豐富全劇的音樂，二來則展現他的編創才能。但原著小說中屢次上演的《浮士德》，顯然是在勒胡巧思下嵌入的「潛文本」（subtext），蘊藏《歌劇魅影》這一文本的潛在意涵，若沒有予以探索，恐會忽略他所意圖形構的「契約觀念」。

克莉絲汀之所以沒有斷然離開歌劇院、逃離艾瑞克的掌控，關鍵即在於她已出賣了她的靈魂而注定要為艾瑞克而唱，受到艾瑞克帶來的陰霾所支配，這是後來的改編版本都沒能充分顯現的深刻意涵。為了對這層契約觀念有初步的認識，以下簡介浮士德這號人物及其相關的歌劇作品。

（一）浮士德其人其事

浮士德活躍於歐洲中世紀，在許多傳說中可發現其蹤跡，甚至還成為魔術師的典型，他擁有變戲法、占卜、催眠的技術，也有拐騙錢財的劣根性，

取得大眾的同情，甚至會高攀具有崇高地位的大人物。

　　傳聞他曾在克拉科夫（Cracovie，波蘭首都華沙的街道）研究過魔術、在魏登堡（Weiden）學過神學並獲得博士頭銜、在英戈爾斯塔特（Ingolstadt）大學教過書，最特別的是，他曾與魔鬼締結契約。種種傳說經後人敘寫成傳記，並在 1857 年印行。浮士德的傳說反映出文藝復興時期人文主義的興起，對於宗教教義抱持懷疑的態度，對科學的熱情投入謎樣的知識，浮士德留意到與神違背的占星術、數學、醫學、魔術等科學，卻又墮落到世俗的邪惡之中。〔註 13〕

　　浮士德留名於傳說，也引起文藝創作者的注目，如克里斯多福·馬羅（Christopher Marlowe，1564〜1593）撰寫了悲劇《浮士德博士》（*Doctor Faustus*）、約翰·沃爾夫岡·馮·歌德（Johann Wolfgang von Goethe，1749〜1832）的《浮士德》（*Faust*）、埃克托·路易·白遼士（Hector Louis Berlioz，1803〜1869）編寫《浮士德的天譴》（*La damnation de Faust*）、夏爾-弗朗索瓦·古諾（*Charles-Francois Gounod*，1818〜1893）編寫《浮士德》（Gounod Faust）歌劇。其中以歌德編寫的《浮士德》享負盛名，被視為德國人必讀的經典著作。〔註 14〕但在勒胡《歌劇魅影》內屢次上演的《浮士德》是古諾的歌劇版本。小說中寫道：

> 當晚，古諾指揮了「木偶女娃娃的送葬進行曲」……這些大師精湛的演出，恐怕都難抵籍籍無名的克莉絲汀·戴伊備受聲譽的光采。她首先演唱〈羅密歐與茱麗葉〉，這是她第一次演出古諾大師的作品，這齣戲自從卡爾瓦羅夫人在吟唱劇場首演之後，僅在喜劇歌劇院上演過一次……不過茱麗葉一角，只是個陪襯的序幕。最令觀眾激賞的，是她臨時代替名角卡兒羅塔女士演出的〈浮士德〉，尤其是監獄一幕及最後一幕的三重唱，她那恐怕是天上才有的唱腔，帶給大家前所未有的感動。〔註 15〕

〔註 13〕 H. Lichtenberger 著、李辰冬譯：《浮士德研究》（臺北：東大圖書公司，1976年 02 月初版），頁 1〜6。

〔註 14〕 《浮士德》歌劇歷時 60 年才完成，1808 年刊印第一部，1833 年刊印第二部，成為其遺作。歌德以浮士德的傳說做為起點來創作，表現了一位信仰上帝的人走向魔鬼的悲劇，他厭煩科學、神學的研究，轉而專注在魔術，召喚出惡魔並與祂締結契約，卻逐步墮落到地獄裡。

〔註 15〕 卡斯頓·勒胡著、楊玟譯：《歌劇魅影》（前引書），頁 20。

古諾意外地在《歌劇魅影》客串出演指揮一角，不僅展現勒胡讓讀者信以爲真的敘事手法，也顯露出勒胡對於音樂的識見及品味。

（二）古諾《浮士德》

古諾於 1836 年進入巴黎音樂學院（Conservatoire de Paris）就學，1839 年獲得羅馬大獎而到羅馬留學，鑽研宗教音樂，歸途接觸了德國、奧地利名家的作品並深深著迷。1850 年起，古諾陸續創作、發表歌劇《莎孚》（Sappho）等作品，直到 1859 年根據歌德作品改編成《浮士德》才奠定樂壇地位。

他的另一部名作則是發表於 1867 年，根據莎士比亞作品改編的《羅密歐與茱麗葉》。這兩部作品都在勒胡《歌劇魅影》中提及，可見勒胡對古諾音樂作品的肯定。〔註16〕

古諾編創的《浮士德》是一部五幕劇，以 16 世紀德國的浮士德爲時空、人物設定。全劇敘述對人生感到厭煩的浮士德博士，欲飲毒藥了結此生，卻受到魔鬼梅菲斯特（Méphistophélès）的誘引與煽動，甚至施展法術讓浮士德目睹並著迷正在紡織的瑪格麗特（Marguerite），浮士德就在梅菲斯特的設計下出賣靈魂以換取消逝的青春。在梅菲斯特安排下，浮士德如願與瑪格麗特相愛，瑪格麗特還懷了浮士德的骨肉，瑪格麗特的哥哥瓦倫丁（Valentin）獲悉此事，要求與浮士德決鬥，在梅菲斯特攪局的情勢下，瓦倫丁被浮士德擊敗，臨終以前斥責趕來的瑪格麗特，她這才悔悟自己的所作所爲。瑪格麗特活在罪孽與痛苦之中，幾近崩潰地溺死了自己親生的孩子，而後被捕入獄。浮士德暗中潛入牢房與瑪格麗特會面，兩人對唱出重逢的快樂，此時梅菲斯特加入形成三重唱〈清純的天使〉（Angel purs），當瑪格麗特死去時，靈魂被天使接引而升天，救贖了她的靈魂，梅菲斯特則被天使擊潰。全劇就此結束。

就人物設定來看，梅菲斯特／浮士德、瑪格麗特的關係仿若艾瑞克、克莉絲汀，於是勒胡巧妙地將這層關係融入小說之中，同時將艾瑞克設定爲同時具有魔性與人性的人物。

順帶一提，《歌劇魅影》提及最後一幕的三重唱，對照音樂劇版本最後的結局，則有異曲同工之妙，瑪格麗特和克莉絲汀都是在自省中獲得救贖。

（三）《浮士德》的互文隱喻

卡斯頓‧勒胡屢次讓克莉絲汀扮演《浮士德》劇中的瑪格麗特，艾瑞克

〔註16〕邵義強編：《世界名歌劇饗宴7》（高雄：麗文文化，2003 年初版），頁 112。

又何嘗不像那追求眞理的浮士德？浮士德不安於現狀，決意追求自己的目標，遂與惡魔梅菲斯特訂下契約；艾瑞克則自己化身成惡魔，一手栽培、提拔克莉絲汀。假使克莉絲汀並沒有來到歌劇院工作，屈居歌劇院的艾瑞克會過著什麼樣的生活？他是否能如願找到一位具備天賦的女伶，發揚他的音樂、追求音樂的極致表現？正因如此，當克莉絲汀來到歌劇院工作後，艾瑞克注意到她的美好歌喉，爲追求更高的榮耀而聲惑了克莉絲汀，一如浮士德爲追求眞理踏上旅途一般，爲追求極致而前行，視享樂於虛無。但艾瑞克萬萬沒有料想到，他竟與浮士德一樣在追求極致的途中，意外發掘了愛情的美好而墮入哀愁之中。

克莉絲汀信任艾瑞克的珍愛，也如同瑪格麗特對浮士德的信任，〔註 17〕只是她們都在付出代價之後才覺醒自己的荒謬：瑪格麗特奉獻了她的身軀才知曉她的愛慾與罪孽，唯有面對命運的審判，在懺悔中才得以超脫；克莉絲汀則已將靈魂交付給艾瑞克，歷經恐懼而清醒，她明白自己的情感託付在韓晤身上，但靈魂仍傾心於艾瑞克，或許值得慶幸的是，克莉絲汀並沒有自迷於罪責之中，以香吻溶消了艾瑞克那來自地獄般的怒火，不選擇任何一條退路卻造就生命的新出路。

浮士德與瑪格麗特的愛火，其實是人類單純享樂的慾望（肉慾），造成悲劇的原因在於浮士德認定兩人性格的殊異，而無法永遠的結合。其實克莉絲汀——艾瑞克的關係，仿若瑪格麗特——浮士德的犧牲奉獻、又像是浮士德——梅菲斯特的締約出賣，或者該明確地說，克莉絲汀與艾瑞克之間從師生關係變成頗有禁忌意味的師生戀（瑪格麗特——浮士德），從單純的教導學習變成出賣靈魂的獻聲傳樂（浮士德——梅非斯特），當艾瑞克沉溺於情愛享樂時，也就如同浮士德一般大限不遠矣。

除此之外，邱瑗、楊忠衡在《歌劇魅影：解讀面具與歌劇背後的魔幻世界》還提到瑪格麗特在《歌劇魅影》中的四點意義：

> 其一，小說的第二篇標題：「新瑪格麗特」，因爲在<u>十九世紀後半的巴黎樂界，《浮士德》裡的瑪格麗特，是每個想成爲首席女高音者必須挑戰的角色</u>。因此，自父親死後唱歌就有如行屍走肉的克莉絲汀，

〔註 17〕 差別在於浮士德誘惑了瑪格莉特，但艾瑞克卻不曾有過侵犯克莉絲汀的念頭，當克莉絲汀被艾瑞克帶到他的地下湖濱小屋時，即使克莉絲汀癱倒在床鋪，艾瑞克仍維持他秋毫無犯的君子風度。

跟艾瑞克學唱歌之後，六個月內一反往昔，首次唱古諾的作品即獲
滿堂彩，被喻為「新瑪格麗特」。其二，魅影以夏尼子爵的安危控制
克莉絲汀的行動，為了取得魅影的信任獲得自由，克莉絲汀得配合
魅影爭取演出瑪格麗特。其三，克莉絲汀對魅影艾瑞克仍有份亦父
亦師的崇拜，她不想傷害人性的艾瑞克，卻又害怕魔鬼般的魅影，
總覺得該回報魅影的栽培與艾瑞克的感情，而讓她一炮而紅的瑪格
麗特正是她足以回報的角色。其四，正如前文所提，<u>魅影艾瑞克有
著浮士德與魔鬼的重疊角色，克莉絲汀之於魅影艾瑞克，就有如瑪
格麗特之於浮士德。</u>〔註18〕

《浮士德》此一潛文本作為《歌劇魅影》的伏流，暗藏克莉絲汀出賣靈
魂給艾瑞克的深濤。克莉絲汀／瑪格麗特的懺悔，使她解脫罪惡的主宰，情
願贖罪而死亡；艾瑞克／浮士德則沉陷於絕對的悲觀之中，在失望與悔悟的
深淵中掙扎。

以音樂作為權力交涉的籌碼，隱藏著投奔自由的渴望。可惜的是，小說
中的契約觀念並未能充分顯現在影劇改編版本，使得克莉絲汀的人物性格顯
得迷離，在沒有任何束縛和羈絆的情況下，她大可以與韓晤一走了之，更何
況韓晤是擁有「強勢」的權力，論身世、外貌、財力甚至軍火，他顯然有著
艾瑞克難以匹敵的實力，而且，一旦克莉絲汀與韓晤離開歌劇院後，艾瑞克
除了魅惑人心的音樂外，便一無所用（電影版中韓晤／勞爾還曾擊敗了艾瑞
克）。這樣看來，音樂劇和電影的改編，其實有頗大的疏漏。

除此之外，浮士德原本是崇信上帝的信徒，但因為鑽研魔術而與惡魔梅
菲斯特締結契約，捨棄了上帝而逐步被誘引通往地獄。

浮士德追求知識、真理，而冀求超越的意志，使得他被熱情的衝動推到
不可預期的目標，追求快樂、安適的享受，卻也因為體悟不到生命的價值而
悲觀墮落，但最終仍能以原始的性格來面對苦痛的障礙，並沒有將靈魂完全
奉獻給梅菲斯特。同樣的，克莉絲汀和艾瑞克都沉浸在音樂的洗禮，對於留
下美聲天籟的感動有所追求，艾瑞克仿若來自地獄的魔鬼（正巧他住在陰暗
的地宮），誘引克莉絲汀為他歌唱，宣揚他的音樂成就來驗證他的榮耀，但艾
瑞克最後仍沒有履踐惡魔的法則，反而還給克莉絲汀自由，也因為這個緣故

〔註18〕邱瑗、楊忠衡：《歌劇魅影：解讀面具與歌劇背後的魔幻世界》（前引書），頁
82。

而感受到音樂普世價值的美，體會到他應該要當一個稱職的音樂天使，在鎮魂聲中，艾瑞克安息了，確實成了默默守護著他無緣愛人的音樂天使，艾瑞克扭曲的靈魂也在此刻獲得自由。

二、流行文本的欣賞、詮釋與改編

《歌劇魅影》小說錯綜複雜，讓人不由得細細思索其來龍去脈，而在抽絲剝繭、釐清故事經過的同時，得以體會艾瑞克何以育成如此扭曲的性格，也爲他的苦、爲他掩覆在機心與恐怖行徑下的單純與善良感受憐憫。成就非凡的小說，吸引了許多人的目光，也誘引著文藝創作者執筆的靈光，這部小說著實饒有機趣，撩撥了無數創作者爲藝術奉獻的慾望，透過不同演藝媒介改編成影劇作品。

何以有如此多人關注這部作品而接連改編呢？而《歌劇魅影》有何魅力能久據藝文界一方天地呢？得從「流行文本」〔註19〕觀點來解析。

嚴格說來，《歌劇魅影》的題材來源是卡斯頓‧勒胡掌握一些資料後，加以羅織而成的一部小說，甚至稱不上流行。直到後世接連有人改變、製作，才透過其它媒介流傳，逐漸打響《歌劇魅影》的名號，甚至百年之後，「歌劇魅影」成爲眾所皆知的痴情厲鬼。

閱讀流行文本與解析文學作品最大的不同之處在於處理它的開放性。〔註20〕流行文本具備延展的空間，足以引起廣泛的共鳴，使得陸續有人願意爲《歌劇魅影》量身訂作一齣齣的新劇作，而每一次的改編與演出，不但豐厚該作品的意涵，也提出了另一種改編與詮釋的觀點。

〔註19〕「流行文本」之所以能流行於世，主要關鍵在於識字率的普及，而這些文本在經濟發展與生產機制成熟的條件下，經由傳播而亨暢於現代，此類大眾文學與流行文化的生產動力與目標即在於獲利；換言之，流行文本就是針對消費者的喜好或口味加以製作、發行的文藝出版品，舉凡時下流行的音樂、戲劇、動漫等皆屬之。流行文本的題材來源極有可能來自我們耳熟能詳的傳說、故事或是心中憧憬的幻想。舉例而言，我們今日得以透過不同傳播媒介來認識梁山伯與祝英臺相戀殉情的故事，即源自中國民間文學中的梁祝傳說，經過長年流傳並透過說書、歌謠或戲曲等方式保留、傳唱，隨著時代變遷，已然熟悉故事的群眾樂於見聞舊故事的新呈現，且在「經濟利益」機制的運作下，閱讀書本或欣賞表演都需要付出相當的代價，一個偶見於經傳的本事遂流傳於鄉野，形成流行文本。

〔註20〕郭強生：〈誰是流行專家？〉，《在文學徬徨的年代》（臺北縣〔今新北市〕：立緒文化，2002 年初版），頁 230。

　　當流行文本有原著、改編文本並存於世時，不免會有所比較，探討改編文本是否忠於原著，或是議論改編文本是否青出於藍，這些比較無非也是對於原著的肯定與推崇。透過不同媒材的呈現是提供另一種思考的可能，當文字符號變成具體的聲光影音，自然有另一種欣賞的角度，也釋出另一種解析、評論的空間。

　　可以確知的是，在資訊發達的現代社會中，大眾秉持著自己心中所想，自由地再創文本，當流行文本確立之後，大眾對於文本中的人物形象、旨趣內涵有了交集而共鳴，形成難以拋卻的「成見」。

　　《歌劇魅影》小說問世後，讀者或多或少會在心中構想那座堂皇的歌劇院模樣，也會揣想艾瑞克會如何游移在歌劇院中為克莉絲汀上音樂課。一旦故事從文字符號具體化成了影音，觀眾心中的魅影形象重新塑造、甚至定型，而不同的改編文本推陳出新，其實不斷地形塑觀眾心中假定的人物形象。通過這樣的互動，流行文本據其可塑性而有不凡的地位，但相對地，也壓縮、折損了讀者憑據文字幻想的空間與可能性。

　　雖然《歌劇魅影》改編的版本眾多，但唯有安德魯・洛伊・韋伯所改編、作曲的音樂劇版本最負盛譽且廣為人知，至今仍演出不輟。

　　《歌劇魅影》無論是小說或音樂劇版本，都是享譽世界的佳作，但我們無法確知韋伯改編成音樂劇時，是否留意到小說中潛藏著蛛絲馬跡，這些蛛絲馬跡是改編與詮釋不容忽視的線索。當然，改編文本必然要考量到它所運用媒介的特質，顧慮時間、空間、資源以及表現手法，而在觸動商業利益的計算機時，更須把宣傳行銷和觀眾等因素也一併納入，因此勢必以最能引發人類共同經驗的愛情故事為主軸。縱覽古今中外的文藝作品，「愛情」絕對是人心所嚮往的主題且永不退流行，《歌劇魅影》的音樂劇或電影，也就是這種商業考量下的藝術作品，與原著小說的部份旨趣遙相呼應。

　　《歌劇魅影》的小說既然留下了許多線索，何以改編文本不能承襲而改編？這是我們首先要探討的問題，如此我們才能更進一步地去追問《梨園天神》、《梨園天神桂郎君》這兩部劇作的跨文化改編有何得失。以下將從敘事策略、潛文本對照及素材符號來檢閱《歌劇魅影》的小說與影劇，臺灣歌仔戲對此作品的改編與詮釋則留待次章為文論述。

第三節　《歌劇魅影》音樂劇與電影之改編

　　卡斯頓・勒胡《歌劇魅影》問世之後並未暢銷，儘管歷來有不少人改編製作成影片或戲劇，仍未能獲得空前絕後的成就地位，直到 1986 年，安德魯・洛伊・韋伯的《歌劇魅影》音樂劇上演後，卡斯頓・勒胡及其原著小說才能確立一席之地。

　　流行文本發行後，往往面臨嚴苛的市場考驗，在自由經濟體制下的社會裡，消費者的品味決定市場生態，唯有消費者對於某一流行文本有所認同才有消費的行為，因此，流行文化著重生產者與消費者的互動。

　　卡斯頓・勒胡的小說之所以能重新問世，並且轉譯成他國語文而暢銷，與韋伯所改編的音樂劇實有很大的關聯，或者應該說勒胡的小說給了韋伯靈感，造就了他的成就，而韋伯的音樂劇驗證了勒胡小說寫作的奇才，還給他應獲的評價與文學史地位。

　　1986 年 10 月 09 日，《歌劇魅影》音樂劇在英國倫敦「女王陛下劇院」（Her Majesty's Theatre）首演，1988 年 01 月 26 日於美國百老匯（Broadway）上演，獲得極大成就，該劇至今演出不輟，屢屢打破上演紀錄。

　　何以韋伯的音樂劇版本被後人推崇到這麼高的地位，甚至掩蓋了勒胡原著小說的豐采？前文已提及，原著小說是文字與音樂的結合，讀者透過想像交織情節與音樂，但韋伯的音樂劇則不須讓觀眾發揮想像，切實地將故事情節搬上舞臺，在盡可能保留原著風格的考量下，利用劇院演出以提高作品的視聽效果，並可讓觀眾直接接觸虛幻與現實交錯的戲中戲，讓觀眾置身於戲裡、或戲中戲。此外，一曲〈歌劇魅影〉（The Phantom of the Opera）的旋律反覆「現聲」，更讓全劇首尾呼應、貫串。

　　本劇以 19 世紀法國巴黎的加尼葉歌劇院（Opera Garnier）為時空背景，敘述歌劇女演員克莉絲汀（Christine Daae）接受劇院中「魅影」的指導後，取代了女高音卡洛塔（Carlotta Giudicelli）首席女高音的地位，得以演出《漢尼拔》（Hannaibal）、《啞巴》（Il Muto）及《唐璜的勝利》（Don Juan Triumphant），劇中交織著年輕貴族勞爾與魅影兩人的情愛糾葛。

　　改編過後的劇本，已與原著小說大有出入，原著小說其實有著許多屬於文字構築的奇思異想，著實不能輕易改編，縱使搬演上舞臺也相形失色，為配合舞臺場域演出，不得不剔去小說中細微巧妙的枝節。

一、音樂劇版本劇情梗概

全劇分二幕，由 1911 年巴黎歌劇院拍賣會揭開第一幕，衰老的勞爾等人來到巴黎歌劇院競標，勞爾標下波斯猴造型的音樂盒後，接著標售曾造成動亂的水晶吊燈，拍賣員簡略地提及了當年所發生的意外，當水晶吊燈緩緩升起重現當年的耀眼光彩時，隨著〈序曲〉（Overture）的樂聲將時光回溯至 30 年前——1881 年的巴黎歌劇院正排演著將要演出的歌劇《漢尼拔》（Hannibal）。

（一）第一幕

當巨型吊燈緩緩升起時，場景瞬時變換成 30 年前的景況，一群演員、舞者正在排練歌劇《漢尼拔》，在綵排的過程中，新、舊任經理也在此時辦理交接，劇院經理雷菲爾突然打斷排練，並介紹弗明、安德烈兩位新到任的劇院經理，在經理的要求下，飾演迦太基皇后的女高音卡洛塔唱著詠嘆調〈想念我〉（Think of Me），背景布幕驟然垂降讓眾人頓時陷入慌亂，紛紛議論著魅影又再作祟，卡洛塔憤而離場拒演，吉瑞夫人適時舉薦了克莉絲汀擔綱主演，演出當日獲得觀眾讚賞。

克莉絲汀臨危受命取代了卡洛塔而演出，獲得盛大成功。在正式演出過程中，勞爾子爵發現舞臺上的克莉絲汀正是自己的童年玩伴。

演出結束後，舞者梅格（Meg）探問克莉絲汀的指導者是誰，但克莉絲汀語帶保留，僅說是一位未曾現身的音樂天使指導她演唱的技巧，引領她漸入佳境。急於與克莉絲汀相認的勞爾來到她化妝室並獻上祝賀，邀請克莉絲汀一同享用晚餐，勞爾離開後，站在鏡前的克莉絲汀，感受到魅影艾瑞克現聲／身的誘引，艾瑞克逐步將克莉絲汀引入鏡中的神秘空間。克莉絲汀穿透鏡子與他一起走進秘道，前往他潛居的地宮。艾瑞克在地宮裡為克莉絲汀上起「音樂課」，眩惑的歌聲引著克莉絲汀走到一面鏡框前，她發現鏡框裡有一座與她相仿且穿著婚紗的蠟像，蠟像瞬時傾倒使克莉絲汀因驚嚇而昏厥，艾瑞克將克莉絲汀安置在一旁歇息，自己則渾然忘我地進行創作。甦醒的克莉絲汀悄悄走近艾瑞克，冷不防地揭下他的面具，遭到艾瑞克忿恨的斥責，稍後艾瑞克冷靜下來，如怨如訴地陳述自己心中對愛的渴望。

劇院經理安德烈向弗明抱怨女主角狀況不斷，不是拒演、就是失蹤，報紙盡刊載著八卦消息，但轉念又認為「只要有醜聞，票皆賣光光」（道盡古今中外娛樂事業的操作手法）。不僅如此，弗明、安德烈、卡洛塔、皮安吉、勞

爾等人都收到艾瑞克不同目的之信件，正當大夥兒吵成一團時，吉瑞夫人又帶來一封信，信中指明要克莉絲汀擔任《啞巴》（Il Muto）的女主角，並要卡洛塔飾演沒有臺詞的啞巴侍童，但眾人並沒有把艾瑞克的指令當一回事，照預先的安排演戲。

《啞巴》上演時，場內忽然傳來艾瑞克詛咒般的洪亮聲響，質疑為何沒替他保留 5 號包廂，並且明示卡洛塔等會兒的演唱會發出蟾蜍般的聲響，當卡洛塔發出蟾蜍聲響後，劇院經理趕忙中止演出，交待接下來由克莉絲汀主演，並安排〈牧羊人之舞〉撐場面，突然艾瑞克用套索將喜愛道聽塗說的布奎勒死，並將他的屍首拋垂在佈景前，使劇院陷入一片慌亂。

勞爾衝到臺上欲保護克莉絲汀，但克莉絲汀卻帶著勞爾往劇院屋頂走去，殊不知艾瑞克尾隨在後。克莉絲汀向勞爾吐露曾見過「魅影」，儘管勞爾不相信但仍試圖安撫驚慌的克莉絲汀，獲得關愛的克莉絲汀下定決心，有朝一日將與勞爾遠走高飛。艾瑞克目睹兩人濃情蜜意的互動，不由得醋勁大發，在演出過程中展開報復行動（2011 年演出影音版本，水晶燈接連爆出火花，並非小說所寫般墜落，應是考量演出環境實況）。

（二）第二幕

6 個月後，劇院經理等人舉辦假面舞會慶賀渡過「災難」，與會者無不粉墨登場，華麗而誇耀地在舞臺上縱情歌舞。勞爾在此時送給克莉絲汀項鍊／戒指（因版本而有差異）〔註 21〕，打算趁機與克莉絲汀訂婚，克莉絲汀認為一切都要秘密進行不能輕舉妄動，就在此時「魅影」悄然登場，並將《唐璜的勝利》歌劇總譜交給安德烈，要求眾人遵照他的指示辦事，不然將會發生比水晶燈掉落更嚴重的事情。舞會匆忙結束後，勞爾攔住吉瑞夫人，並請求她將魅影的底細全盤托出，吉瑞夫人禁不起追問，於是說出魅影的身世。〔註 22〕

魅影再度發信提出聲明，主張替換某些樂器演奏者，並批評卡洛塔、皮安吉與兩位劇院經理，要求克莉絲汀出任女主角。勞爾得知這些訊息後，決意佈署重兵，安排克莉絲汀當餌將魅影引出，打算將他就地正法。

〔註 21〕據邱瑗、楊忠衡：《歌劇魅影：解讀面具與歌劇背後的魔幻世界》（前引書）所示，魅影發現克莉絲汀身上的項鍊，憤怒地扯下，表明她身上的項鍊（象徵：鎖鍊、束縛）仍繫在魅影身上，克莉絲汀得為他歌唱不輟。

〔註 22〕吉瑞夫人告訴勞爾，過往曾有雜耍團來到巴黎，魅影正是其中的一員，並且集音樂家、魔術師、建築師、發明家等稟賦於一身，甚至還曾替波斯國王建造鏡子迷宮。而後他從雜耍團逃脫，就此藏身在歌劇院中。

合唱團正在排練新戲《唐璜的勝利》時，眾人嘲笑魅影的創作，甚至不按作曲家的曲譜演唱，稍後鋼琴琴鍵自己動了起來，全體成員宛如傀儡般聳立歌唱，惶恐地憂慮自己現下的處境。

出神迷離的克莉絲汀來到她父親長眠的墓園，艾瑞克在黑暗中用他的歌聲再度魅惑著克莉絲汀，她無法分判這是父親帶給她的希望還是絕望，尾隨克莉絲汀的勞爾出聲抑止克莉絲汀迷幻的精神與情緒，帶著克莉絲汀離開墓園，遠避魅影的迫害，艾瑞克目睹他的魅惑功虧一簣，也正式向勞爾宣戰。

《唐璜的勝利》演出當天，勞爾指揮他的部眾嚴守歌劇院，誓言狙殺魅影，艾瑞克毫不驚懼，欣然接受他的挑戰。大幕揭開，《唐璜的勝利》開始上演，戲中皮安吉進入帳篷內換裝，過不久卻換成艾瑞克扮演唐璜登場，與飾演村女的克莉絲汀對唱，勞爾等人察覺不對勁，荷槍持彈伺機而動。克莉絲汀突然揭開魅影的面具，顯露出不堪入目的真面貌，全場驚聲尖叫時，艾瑞克舞動披風在眾目睽睽下擄走克莉絲汀。卡洛塔察覺有異趕忙衝入帳篷內，發現皮安吉遭刺殺身亡。焦躁的勞爾趕忙要吉瑞夫人指引他前往魅影的藏身處，吉瑞夫人指點去路，又提醒他要隨時將手擺放在與眉齊高的位置，愼防奪命套索襲擊。

艾瑞克擄著克莉絲汀來到地宮，艾瑞克氣急敗壞地抱怨世人待他的不公，怨歎他生得一副可怕的樣貌，原本迷惘的克莉絲汀頓時清醒，冷靜的對他說道：「你這張臉，再也嚇不了我了。實際上，真正扭曲的是你的靈魂⋯⋯」稍後艾瑞克察覺勞爾到來，趁其不備將套索扯住勞爾的頸部，並據此威脅克莉絲汀。克莉絲汀眼前明擺著「和艾瑞克共度一生」和「勞爾被殺害」兩條路，但她無懼無畏地開創出第三條路──給了艾瑞克深情一吻，一種「愛的完成」，完成對兩個人的愛，援救勞爾的性命，也救贖了艾瑞克的靈魂。

追兵逐步逼近，艾瑞克放走兩人，自己獨自一人啓動那只波斯猴造型的音樂盒，〈假面舞會〉的音樂緩緩響起，伴奏著艾瑞克孤獨的歌聲，回頭卻發現克莉絲汀在他身後，並將手指上的戒指取下，戴在艾瑞克的手上後才離去，艾瑞克滿懷惆悵地隱身消失。機靈的梅格率先來到地宮，卻發現現場只留下一張面具但不見魅影蹤跡。全劇至此告終。

二、電影版本劇情梗概

歷來已有多名導演改編、拍攝《歌劇魅影》電影，其中喬·舒馬克（Joel

Schumacher）執導的版本最負盛名且流通普遍，該版本的音樂製作正是洛伊·韋伯親自上陣，並襲用音樂劇的情節和音樂，讓觀眾在熟悉的劇情和音樂中體會《歌劇魅影》的影劇魅力。

　　總體而言，電影版的劇情結構大致與音樂劇相同，但電影劇情更極盡所能地挖苦、嘲諷古典音樂庸俗崇拜者。全劇一開始不久，女高音卡洛塔在演唱時，臺下穿梭座椅忙著工作的婦人從口袋裡掏出耳塞，顯然對於高亢、刺耳的義式美聲唱腔感到不耐煩，在此並非嘲笑那些富人不懂歌劇、不懂音樂，而是嘲諷對於古典音樂盲目崇拜的行徑，也鄙斥弗明、安德烈兩位新任劇院經理，憑著美其名為「金屬回收事業」（資源回收）賺了一大筆錢，便以為晉升成愛樂的貴族，而這類人對於音樂純為門外漢，粗通文墨亦無藝文素養與內涵氣質。對於這類行徑的嘲弄，電影版本反倒能透過鏡頭「近距離」看到這些傢伙的嘴臉，表現手法頗為簡潔明快。

　　勞爾在電影一開始不久即以劇院贊助人的身份現身鏡頭前，克莉絲汀先認出那位贊助人就是他的兒時玩伴，勞爾卻渾然未覺，這兩點則與音樂劇的內容大不相同。勞爾之所以提前入場，或許是考量到男主角戲份安排，並為了更加突顯勞爾英俊的模樣和正義英勇的形象，讓勞爾的「主角」地位顯得更加重要且突出。

　　當克莉絲汀取代卡洛塔出演《漢尼拔》獲得萬眾矚目後，克莉絲汀在劇院一隅與梅格談心，回想起過往獨自一人在巴黎歌劇院的景況，透過影片簡潔而快速地回溯，讓觀眾在短時間之內明瞭她對父親的愛，對音樂天使這個傳說抱持著虔敬信仰。

　　令人讚歎的是，當艾瑞克計畫誘引克莉絲汀時，巴黎歌劇院各處的燈火在短時間內熄滅，營造出幽暗詭譎的氛圍為全劇增色不少，兩人在〈歌劇魅影〉的歌聲中，步行路過狹窄的通道，隨後艾瑞克讓克莉絲汀乘坐在馬上，牽著馬緩慢行進於長廊，抵達湖邊又改搭小船前往艾瑞克久居的處所，這一幕幕景色不僅讓克莉絲汀大開眼界，也讓觀眾得以看到造景設計的用心。不過這些畫面構成的靈感實來自原著小說的描述，音樂劇版本受限於舞臺而較簡潔。

　　克莉絲汀在地宮中目睹與她一模一樣且身著婚紗禮服的蠟像，瞬間昏厥，艾瑞克將她安置在鋪有紅色絨毯的臥鋪，隨即沉浸在譜曲的靈感中。當克莉絲汀甦醒後，緩緩走近艾瑞克並將他臉上的面具摘下，艾瑞克頓時暴發

怒意。此外，在克莉絲汀無端消失期間，梅格意外發現休息室的鏡子後方有一條通道，走進去不久即被吉瑞夫人帶出，為後面的情節埋下伏筆。

值得稱許的是，電影極盡所能地嘲諷卡洛塔的驕縱蠻橫，對音樂的不友善使得她遭受歌劇院員工疏遠的回應，原本褪色的巨星風采在劇院經理等人連哄帶騙、阿諛奉承的討好下，恭迎她的回歸並以十足花俏的表現褒揚她的美好，劇院經理甚至不惜犧牲小我，用卡洛塔脫下的鞋子飲酒，還簇擁著卡洛塔登臺表演。這一段劇情將卡洛塔等人的性格刻劃得淋漓盡致，讓情節推衍也相當明快。

除此之外，透過鏡頭，以最簡短而快速的方式讓觀眾一探全劇細節，揭曉沉埋觀眾心中的疑惑，如艾瑞克暗中將清喉液調包，讓卡洛塔聲音沙啞甚至發出蟾蜍般的叫聲；布奎不經意發現艾瑞克的行蹤，便循著他的步伐尾隨在後，艾瑞克發現自己被跟蹤後，賜他一條奪命套索，將他從空拋垂。許多地方的改動讓電影更增聲色，也更加驚心動魄。

不過，相較於音樂劇華麗多彩的假面舞會，電影版則樸素得多，多屬黑色、白色、金色等色澤的服飾，場景雖顯得金碧輝煌但仍嫌單調平凡而不突出。魅影在假面舞會上，當場訓斥卡洛塔和皮安吉（音樂劇則是透過信件訓示），勞爾乘機取得一把劍向魅影宣戰，不惜自身安危追擊，但並未正面對決，但整體來看，一身簡便服裝的魅影總少了些氣勢，較之音樂劇遜色不少。勞爾稍後則追問吉瑞夫人關於魅影的底細，電影版增添了年少的吉瑞夫人生活片段，也在這些片段裡解開魅影的來歷。原來魅影殺害了看管他的吉普賽人，在無處可藏的情況下，是吉瑞夫人領他藏身於歌劇院，但讓人疑惑的是吉瑞夫人的立場為何搖擺不定，人物形象前後不一。

音樂劇中有一場排練《唐璜的勝利》，合唱團員原本各唱各的，甚至對此曲大加批評，當鋼琴琴鍵自動彈奏時，所有人無不聞聲聳立，畢恭畢敬地進行練唱，充份顯示出艾瑞克獨到的音樂天賦與堅持。但在電影版中則刪去這一場戲，使劇情更加凝鍊，但減少了對膚淺音樂人嘲諷的意味。

當克莉絲汀來到父親長眠的墓園受到艾瑞克迷惑時，勞爾喚醒克莉絲汀後，拔劍挺身與魅影決鬥，原本望風披靡的魅影卻被勞爾擊倒在地，要不是克莉絲汀及時制止，魅影恐怕就在此魂飛魄散。這一段劇情裡，勞爾的英勇被刻意放大，相對地，艾瑞克變成了坐以待斃的荒唐鬼魅，電影扭轉了兩人的局勢，理應是電影考量到收視票房與正義至上的戲劇常態，但其實這樣的

安排已大幅削減了魅影的威脅性，甚至難被認同為悲劇英雄。令人頗難接受的是，勞爾願意放走魅影，之後又何必與他人商討誘捕魅影的對策呢？電影版的劇情邏輯欠缺通順明暢，更嚴重折損、扭曲魅影的形象而變得前後不一致。

《唐璜的勝利》上演時，鏡頭帶到觀眾的表情，在場的觀眾無不顯露詫異的神情，之所以刻意呈現這般情況，也是為了嘲諷觀眾對於藝術品味守舊的態度，並呵斥觀眾不能理解劇中詞曲內涵的價值。當艾瑞克取代皮安吉扮演唐璜上場時，鏡頭掌握了艾瑞克與克莉絲汀的眉目、動作，艾瑞克一再暗示克莉絲汀與他一同離去，克莉絲汀則陷入思考而不知所措。透過鏡頭，突出許多深情而猶豫的情感是舞臺演出的音樂劇所不能企及的。

艾瑞克擄走克莉絲汀的瞬間，也是災難降臨的時刻，他讓巨型吊燈掉落觀眾席，甚至引爆了劇院，任憑火舌竄燒，爆炸效果極具震撼力（也相當好萊塢的風格）。勞爾在吉瑞夫人的協助下奮力緝凶，卻誤觸機關困在水牢，不過電影版塑造了一位神勇無比的勞爾，不但身手矯健，處變不驚趕在被水淹沒的最後一刻開啟機關而脫困，十足冒險、刺激的情節，也著力突顯勞爾的英勇，十足商業電影考量。

艾瑞克最後釋放了克莉絲汀與勞爾，打破了三面鏡子遁逃離去，意謂著擊破幻像，回返真實。電影最末段，勞爾帶著剛標下的波斯猴音樂盒，到墓園悼念已逝的克莉絲汀，意外發現墓碑旁擺放著一朵箍著戒指的玫瑰花，疑似魅影曾經來過，留下了一個耐人尋味的謎局。

第四節　《歌劇魅影》影劇詮釋與評述

前文詳細地交待兩種版本的劇情鋪陳，行文中提及相異之處及改編得失，關於敘事手法及作品中出現的符號隱喻，則是這節所關注的焦點。這些符號大抵襲自原著小說而來，在改編過程被保留而繼續發揮效用，若對此效用無法清晰的辨識，就無法掌握改編與詮釋的線索。

一、敘事策略的調整

影劇版本雖承襲自原著小說，但在情節內容上做了大幅度的刪削，並且調整次序、結構以達到良好的展演效果。

（一）化繁為簡——敘事手法的歸元

原著小說中，敘事者透過實地查訪與調查之中，意圖證明魅影確實存在。全書透過波斯人、克莉絲汀等故事講述人（story-teller）說故事，並且將故事排列組合，還原眞相。

但這種時序與人物混雜的安排僅適合小說（尤其是推理小說），並不適合戲劇呈現，過於複雜的敘事安排有礙欣賞，阻滯觀眾的思緒，揀選值得鋪展的劇情加以改編方有效益。因此《歌劇魅影》藉由克莉絲汀、艾瑞克和勞爾推展故事情節，從他們的歌舞發展著整個故事。

（二）改弦易轍——情節改編與調整

改編文本完全省略原著小說中克莉絲汀與韓晤的童年往事，老戴伊（克莉絲汀之父）、范倫里斯教授夫婦、夏尼姑媽等人都不在影劇中出現，僅約略提到老戴伊和音樂天使的故事，但這無疑是艾瑞克晉升爲「音樂天使」的重要線索。

小說中有韓晤與克莉絲汀相遇的完整交待，兩人之所以認識源於克莉絲汀的披巾被風吹落海上，韓晤奮不顧身地跳入海中將披巾拾回，自此之後，兩人常到海灣嬉戲，夏尼姑媽和范倫里斯教授則磋商讓老戴伊教導韓晤學習提琴，兩小無猜的兩人短暫時間內沉溺在音樂和故事，過了三年才再次於原地重逢，但克莉絲汀一心投入在音樂之中，並沒有和韓晤發展出熱絡的情誼，年輕的韓晤也在此時愛上了海上生活，甚至乘船遊遍各國。就兩人對於這段感情的態度來說，其實彼此都不確定自己是否喜愛著對方，但仍在無意間種下了情苗。

克莉絲汀在父親的教導下進步神速，受到聽眾喜愛，但老戴伊卻在此時撒手人寰，克莉絲汀遭逢喪父之痛，爲求生活而進入巴黎歌劇院工作，三個月後在歌劇院裡大顯歌藝，與韓晤因緣際會相遇，兩人對於彼此的愛意愈加深情。但兩人的陳年舊事要在舞臺上搬演既耗時又費力，或許韋伯是同情魅影艾瑞克的，刻意省略勞爾（韓晤）與克莉絲汀的童年往事，將劇情集中在克莉絲汀、艾瑞克和勞爾的三角戀情上。

（三）逢場作戲——戲劇結構的重組

讀完《歌劇魅影》小說，總好奇這間歌劇院怎麼老是上演《浮士德》，難道沒有其他劇作可以觀賞了嗎？這顯然是卡斯頓‧勒胡的刻意安排。但韋

伯的音樂劇總不能真的演了三次《浮士德》吧！韋伯在劇中安排了戲中戲，並譜寫《漢尼拔》（*Hannibal*）、《啞巴》（*Il Muto*）和《唐璜的勝利》（*Don Juan Triumphant*）三齣戲，而這三齣戲也各具用意，並不是隨意安置在劇中充場面。

　　《漢尼拔》演迦太基軍事家漢尼拔（Hannibal）和迦太基皇后、情婦艾莉莎（Elissa）的故事，韋伯的設定頗有嘲諷歌劇好大喜功的鋪排用意，克莉絲汀即因一曲〈想念我〉（*Think of Me*）贏得名聲。〔註23〕《啞巴》則有暗示卡洛塔將因剝奪克莉絲汀演唱機會而受到失聲的「詛咒」。《唐璜的勝利》則是唯一一部在小說和影劇都存在的劇作，但小說中艾瑞克並沒有將它完成，音樂劇和電影版本則是在假面舞會時，魅影語帶威脅地提出演出要求而上演，艾瑞克頗有自比唐璜，顯示高傲超絕個性的意圖，但也透露了艾瑞克執意誘愛克莉絲汀將會墮入地獄的後果。〔註24〕

　　由這些作品可知，韋伯企圖透過比喻的方式，以戲中戲的戲劇結構來呈現劇中人物的遭遇，並具有譏諷的意味，這些片段的文本其實能與《歌劇魅影》相互對應，但僅只片段而不周全。

二、賴以判讀的魅影符號

　　在《歌劇魅影》的小說與改編後的影劇作品中，皆存在著許多隱含意義的符號，舉凡「5」號包廂〔註25〕、金戒指、燭光〔註26〕、樂器〔註27〕、迷

〔註23〕邱瑗、楊忠衡：《歌劇魅影：解讀面具與歌劇背後的魔幻世界》（前引書），頁38。

〔註24〕唐璜是西班牙傳說中英俊瀟灑且風流的人物，擅長周旋於貴族婦女之間。傳說唐璜曾誘引某一貴族少女並殺害其父親崗薩羅（Don Gonzalo），後來唐璜行經墳場，偶然遇到的雕像（少女父親靈魂的化身）邀請他共進晚餐，當唐璜與崗薩羅握手時，旋即被拖入地獄。

〔註25〕數字 5 象徵人類，古代五芒星的五個尖角代表人的頭部與四肢。Miranda Bruce-Mitford & Philip Wilkinson 著；李時芬、林淑媚譯：《符號與象徵：圖解世界的秘密》（臺北：時報文化出版企業股份有限公司，2009 年 04 月初版），頁 294。

〔註26〕象徵光明、知識及神聖（耶穌誕生人間的光芒），也代表希望。Miranda Bruce-Mitford & Philip Wilkinson 著；李時芬、林淑媚譯：《符號與象徵：圖解世界的秘密》（前引書），頁 238。

〔註27〕如艾瑞克所演奏的管風琴、豎琴、提琴等樂器，皆有其生成的緣由與故事，也具有其意涵。

宮〔註28〕、紅玫瑰及前文提及的波斯猴音樂盒等物件皆是。

自從西洋文學理論引進以來，多數研究者採取符號學理論及其方法在文學、美學、藝術等諸多學科上加以闡發，符號學遂普遍成爲分析文字、圖像與影音文本的重要論據，藉此分析文本的符號系統，探討符號與文化的組構與連結。符號學雖然得以揭櫫文本中的符號體系，歸納、分析符號的象徵意涵，不過研究方法有時卻犯了過度詮釋的毛病，未必能指出並驗證實際存在的意義。許多研究者迷失在符號學理論的詮釋分析而有失眞實。

觀察國內現有的符號學研究成果，研究的文本多半著眼於電影、電視、新聞、廣告等個案爲對象，而方法上往往採用索緒爾（Saussure）所歸納的語言系統來加以分析，著力於以下二者：

・意符與意旨的連結，及其符號意涵的詮釋。

・縱聚合（paradigm）與橫組合（syntag）的建構釐析。

但對於符號結構與社會文化的關注則缺乏細緻觀察與反映。對此而言，李幼蒸曾提及「符號學應該關心社會人文科學的一切理論貢獻，並更適切地、更富創意地設法綜合這些理論成就。也就是說，符號學儘管以語意分析爲中心卻應與社會人文科學的理論目標大幅重疊和統一。」〔註29〕這樣的理念，提醒我在本文的撰述析論中，不只是將符號任意聯結闡釋，而能有更臻周全的探討。

採取符號學原理來對文本進行研究，不免予人自圓其說且自得其樂的印象，但本文的寫作不打算重襲窠臼，嘗試緊密聯結符號文本與社會現實，茲舉以下五項較爲顯著且具有象徵意義共識的符號，來談論這些符號在改編前後的沿襲與應用，以利我們之後觀察《梨園天神》及《梨園天神桂郎君》這兩部作品。

（一）白裳與黑袍

在文學作品中，創作者有意識地設定小說人物，其服飾裝扮的描繪力求

〔註28〕迷宮象徵人類內心的狀態，且迷宮只有一條出路，象徵尋找通達上帝的正確途徑，在途中需要克服種種障礙並做出合乎道德的選擇。此外，古代迷宮設計的目的是要困住惡靈，中世紀的迷宮則有朝聖之意。Miranda Bruce-Mitford & Philip Wilkinson 著；李時芬、林淑媚譯：《符號與象徵：圖解世界的秘密》（前引書），頁 290。

〔註29〕李幼蒸：〈符號學和人文科學——關於符號學方法的認識論思考〉，《哲學雜誌》（第 23 期，1998 年 02 月），頁 208～222。

契合人物形象，更能讓讀者聯想人物造型及其性格特色，賦予人物鮮明的神韻，然而服飾作為一種顯著的符號，其所表徵的意涵經過延伸聯想，不難發現它在社會、文化中有別具意義的關係與價值。服飾的顏色是最顯而易見的表徵，儘管人們對顏色的詮釋因文化不同而有所差異，但顏色的象徵意義卻有著共通的普遍原則。

艾瑞克所穿的黑袍，常象徵邪惡、黑暗的力量與秘密，也代表陰暗、不幸與死亡。克莉絲汀慣常穿著的白裳則意謂純潔、天真無邪與神聖，因此堅信音樂天使會在她身旁守護著，面對瘋狂的艾瑞克也表現得不卑不亢。

之前已提及克莉絲汀——艾瑞克的關係可以用《浮士德》中的瑪格莉特——浮士德／梅菲斯特來表示，而且充份顯現在兩人的服飾符號上。克莉絲汀向來身著一身白裳，象徵純白無瑕的單純；艾瑞克一直覆蓋在黑袍之下，象徵處心積慮的陰沉。

值得一提的是，艾瑞克在化妝舞會時，身著誇張的腥紅色衣服，帶著他剛完成的《唐璜的勝利》樂譜到場，從他那滿身紅的服飾，可以感受到他對於音樂（包含創作和克莉絲汀的美聲）的愛與熱情，同時也意味著危險的攻擊與戰爭，這一身腥紅的裝扮也有著預告、宣戰的意圖。

（二）鏡子

《歌劇魅影》小說中，艾瑞克在鏡中傳唱天籟誘引克莉絲汀觸碰機關，穿透鏡子，在音樂劇和電影版中巧妙地重現這樣的場景。但在小說中，克莉絲汀在艾瑞克的地宮裡卻找不到一面鏡子，原因何在？試想地宮長年陰暗，且艾瑞克生得一副醜陋的面容，寧可帶著面具也不以真貌示人，這樣的人又如何會想要面對鏡中的自我。可疑的是，電影版裡的地宮存放不只一面鏡子，劇末艾瑞克更是擊破鏡子出走，就此來看，鏡子在改編前後各有其意涵可探討。

鏡子是一種極度複雜的象徵，具有多重意義，可以表示真理、清澈及自我審視。〔註30〕艾瑞克知道自己的醜陋，卻被負向的情緒、心理所左右，掩蔽了他的善良與純真。克莉絲汀每每對著鏡子梳理，明明知道鏡中人不是她，卻仍像追尋著海市蜃樓般踏出步伐前進，由此更顯得人類對於虛幻景象的茫昧。

此外，原著小說中，波斯人領著韓晤追緝艾瑞克，最後雙雙掉進他佈下的防禦陷阱「極刑室」。「極刑室」是一間正六邊形的小房間，六面牆全鑲著鏡子，

〔註30〕Miranda Bruce-Mitford & Philip Wilkinson 著；李時芬、林淑媚譯：《符號與象徵：圖解世界的秘密》（前引書），頁 238。

由上至下沒有任何間隙，內有一個旋轉的小轉盤機關，小轉盤的深處有一棵鐵製的樹，底下則佈有「邦加繩套」（貓腸製成的特殊繩套），掉入「極刑室」的人，只能面對著鏡中自己的幻象，待忍受不了而精神渙散時，只得拾起邦加繩套懸吊於鐵樹自盡。這極盡考驗人心的情節則考量到會使韓晤（勞爾）顯得太無能，且顧慮到波斯人的登場安排，因此不在改編後的音樂劇和電影之中。

但不可否認的是，卡斯頓‧勒胡在小說中，極力營造鏡子所反射出來的虛像及其功用，鏡子所反映出來的虛像與真實物件正好左右相反，當人果敢堅決地面對鏡子後，也映照出踽踽儒弱的一面，在極刑室裡的韓晤便深深體會到，當人面對虛幻時往往顯得無能為力、束手無策，而認清真實往往帶來更大的陰霾與恐懼，唯有調整自己的心態，取得二者的平衡才能真正達到當局者清的認知。

電影版裡的艾瑞克，最後打破了擺放在地宮的鏡子，鏡後正是一條通道，意味著面對自我，並打破幻想（自以為是音樂天使或魅影），從幻想的世界走出。

（三）面具

艾瑞克戴著面具的樣貌不時出現在讀者及觀眾心目中，而面具本身也是個極其明顯且重要的符號。

面具的配戴肇因於遠古先民對神靈（具有主宰其生活的神祕力量）的揣想與妝扮，源自巫術及圖騰為主的原始宗教信仰，或對於狩獵、戰爭的物質追求。〔註31〕面具的配戴更有角色扮演的效果。

艾瑞克因對於容貌的自卑、顧慮他人的眼光而戴上面具，遮掩他醜陋的面容，卻也因為面具的關係，讓他在克莉絲汀面前以音樂天使之姿守護著她，但卸下面具的武裝之後，艾瑞克則搖身一變成為了來自地獄的魔鬼。

相較於艾瑞克不輕易現身示人的作風，《梨園天神》的烏俊才和《梨園天神桂郎君》的桂無明倒顯得來去自如，藉由同一副面具就可裝神弄鬼。因為配戴面具所達到的戲劇扮演效果值得細論，容我在第五章再深入探討。

（四）紅色玫瑰花

愛情誠可謂世界運轉的動力，世界各地都有其文化衍生出象徵愛情的符

〔註31〕 周芃谷：〈面具與戲曲表演研究〉（東吳大學中國文學系碩士論文，2009年），頁38～50。

號或信物，其中花瓣層疊又溢散芳香的紅玫瑰象徵愛情與熱情，也意謂著繁衍或美麗，遠在古代，紅玫瑰是愛神維納斯的標誌，意謂著美麗與愛情、熱情，同時也象徵著鮮血和復活。由此可知，紅玫瑰不僅是許多文化的共同象徵，衍生義繁多但大抵不出愛情、熱情之意。〔註32〕

在《歌劇魅影》的音樂劇和電影中，鮮紅的玫瑰花特別醒目，尤其電影版更透過特寫鏡頭來觀看玫瑰花瓣，例如艾瑞克在歌劇院屋頂上拾起克莉絲汀所遺棄的紅玫瑰，其實也意謂著她拋下對艾瑞克的感情於不顧。

鮮紅的玫瑰花相當醒目，在舞臺或電影上，這鮮紅的符號無疑是搶眼的表徵。我們得以在坊間出版的小說封面或影劇海報上，看到面具旁擺放著一枝紅色玫瑰花，用意即在於突顯愛情的表徵。

（五）金戒指

黃金向來被視為最完美的金屬，既有耀眼的光澤，具備可鍛性、耐磨且不會生鏽，更加重要的是它格外有價值。戒指的環形結構象徵著永恆，代表配戴者無法分開。〔註33〕原著小說中，艾瑞克就曾將一只戒指交給克莉絲汀，並叮囑她千萬不可以遺失，否則他將展開報復行動。

戒指向來是婚姻關係的象徵，也成立了契約關係，戴上戒指的人將會與另一半共度一生，失去了些許的自由。在小說中，艾瑞克透過戒指將他的心意繫在克莉絲汀身上，是一種愛情、婚姻的儀式，然而克莉絲汀卻在屋頂與韓晤「說故事」時遺失了她的戒指，同時也遺棄了她對艾瑞克的承諾，打算演出最終回《浮士德》後便與韓晤／勞爾逃離，艾瑞克則無奈地要她付出代價——失去自由。

《歌劇魅影》的音樂劇和電影中，除了戒指（電影中是鑽戒而非金戒指）這項飾品外，克莉絲汀與勞爾秘密訂婚時還有一條項鍊，也意謂著約定、束縛，但象徵意義比起戒指顯得薄弱許多。

以上列舉五項在《歌劇魅影》原著小說、音樂劇和電影中皆顯而易見且具有意涵的符號，透過符號學原理詮釋出它所指涉的普遍象徵意義。由於符號學方法的詮釋仍有偏狹推論、判斷的疑慮，在此僅挑選五項最為要緊的符

〔註32〕 Miranda Bruce-Mitford & Philip Wilkinson 著；李時芬、林淑媚譯：《符號與象徵：圖解世界的秘密》（前引書），頁 126。

〔註33〕 Miranda Bruce-Mitford & Philip Wilkinson 著；李時芬、林淑媚譯：《符號與象徵：圖解世界的秘密》（前引書），頁 45、127。

號來分析、詮解。運用符號學原理來詮釋無非是希望能讓這幾項關鍵物品能受到重視，畢竟它們串連了故事，且在故事中有一定的效用，倘若缺少了它們，這個故事所要透露、傳達的涵義必然有所缺損。

　　《歌劇魅影》音樂劇和電影的改編，大抵能掌握原著小說的脈絡，並保留這些至關重要的象徵符號，但《梨園天神》、《梨園天神桂郎君》的跨文化改編僅部份保留，並充填漢文化特有的符號，融注其它的意蘊，另有一番意趣。

第四章 《梨園天神》、《梨園天神桂郎君》之改編與評述

　　近年臺灣戲曲嘗試跨文化改編與表演，據此在戲曲題材上開疆拓土。臺灣最早在現代劇場登臺亮相的跨文化編演劇作則以京劇爲先，並影響其他劇團繼起仿效。

　　其實歌仔戲的跨文化編演手法早已行之有年，不少劇作取材自不同文化的小說、電影、戲劇，經過編演後流傳在內、外臺，不過已難窺見本事原貌。〔註1〕

　　若特指根據本事的源由、發展與增衍，有意識地依一定脈絡進行跨文化改編，並且在現代劇場演出者，當以河洛歌子戲團《欽差大臣》（1996年）爲先，而後有洪秀玉歌劇團《聖劍平冤》（1997年）、薪傳歌仔戲團《黑姑娘》（1997年）跟進。在前述劇作的先行試煉下，《歌劇魅影》的歌仔戲改編本《梨

〔註1〕　自1930年代以來，電影在臺灣日漸普及，戲院上映洋劇、時代劇、現代劇等各種影片，來源廣及日本、歐美及中國，其中又以日本片的進口數量爲多。因臺灣島內屬行皇民化運動，歌仔戲的表演備受壓抑而改演新劇或「胡撇仔戲」，時值日本影片大量輸臺，提供戲班演出之題材，戲班遂參考日本影片予以改編，如《丹下左膳》、《鞍馬天狗》、《決戰嚴流島》等同名劇目，由此可見臺灣歌仔戲的跨文化編演，其實早自1930年代即有之，但今人所關注的「跨文化改編」較著重有脈絡可循的劇作，就歌仔戲早期劇目與劇情內容的「文化拼貼」特性來説，其與「跨文化劇場」的定義有所差別，故不屬於嚴謹定義下的跨文化改編。有關日本電影在臺演出資料可參閱葉龍彥：《日治時期臺灣電影史》（臺北：玉山社，1998年09月），頁123～127；日治時期跨文化編演的概況則可參閱該書之頁72～84、109～121。

園天神》（1999 年）繼起，並在之後推出改編新作《梨園天神桂郎君》（2006
年）。

　　《梨園天神》和《梨園天神桂郎君》雖然皆出自於唐美雲歌仔戲團，卻
有著截然不同的情節內容與表現手法，《梨園天神》不脫歌仔戲跨文化編演初
期的特質，明顯是一部將《歌劇魅影》易時、易地、易人，再以歌仔戲表演
體系來展演的作品，少有文化融合與思想內涵上的突破。《梨園天神桂郎君》
則別出機杼，另外經營故事的主線與支線，充填《歌劇魅影》本事的前、後
故事，以跨界合作的方式來呈現，但此種作法也引起議論。

　　展述本文之前，必須說明的是：其一，全文徵引劇中唱詞處，粗楷字體
爲唱詞，其餘則爲唸白或舞臺提示。其二，以下將深究兩劇之情節結構的編
排、唱段詞曲的編擬、精神旨趣與思想內涵、導演統籌與演員詮釋，以窺二
劇的形、神。其三，本文主要參考帕維的「跨文化劇場」（Intercultural theatre）
理論，據此探討二劇之改編策略與成效。

第一節　《歌劇魅影》的兩度跨文化改編

　　《歌劇魅影》音樂劇自 1986 年問世以來，廣受民眾喜愛，此劇的傳譯與
流佈極爲廣遠，多次在世界各地演出，曾於 2006、2009、2014 年三度來臺表
演，深獲好評。

　　「唐美雲歌仔戲團」於 20 世紀末推出創團劇作《梨園天神》，則是依據
卡斯頓・勒胡《歌劇魅影》小說的情節梗概改編而成，但也受到音樂劇或電
影版本的啓發與影響。〔註2〕時隔約 8 年，之後在 2006 年推出《梨園天神桂
郎君》，兩部跨文化改編的作品表現，在劇情安排、音樂演唱等方面卻有著極
大殊異，尤其後者在戲曲程式上的新變突破特別受到關注。

〔註2〕　《梨園天神》聲明係改編自卡斯頓・勒胡《歌劇魅影》原著小説，對照小説
　　　　及音樂劇、電影後，不難發現《梨園天神》的劇情梗概與情節發展更接近後
　　　　兩種版本，雖同是宗經於原著小説，但《梨園天神》無論在人物形象的塑造
　　　　與故事鋪述皆留下沿襲音樂劇、電影版本的形跡。我認爲該劇改編自原著小
　　　　説的聲明是礙於著作權法規限制，須經當事人同意授權方可改編演出，由於
　　　　《歌劇魅影》音樂劇聲名響亮，欲獲得授權改編不僅手續繁瑣，也有可能面
　　　　臨該劇製作端的要求與限定，使得《梨園天神》的編演變得更加不易。因此，
　　　　《梨園天神》宣稱改編自原著小説，實則是參照音樂劇此一改編版本再加以
　　　　編創。

　　《梨園天神》與《梨園天神桂郎君》皆以女伶、假鬼與書生之間的情愛糾結為故事內容，化傳統戲曲的表演程式與藝術為血肉，創生一部生旦情愛的歌仔戲劇作。兩劇雖同出一源，製作團隊與演出陣容前後大不相同（參閱下表4-1），劇情與表現手法也不能相提並論。

表4-1　《梨園天神》、《梨園天神桂郎君》演出資訊

演出資訊		《梨園天神》	《梨園天神桂郎君》
首演	時間	1999 年	2006 年
	場地	臺北：社會教育館	臺北：國家戲劇院
製作群	製作人	唐美雲	唐美雲
	編劇	柯宗明、施如芳	施如芳
	導演	孫榮發、蔣建元	柯宗明
	編曲	劉文亮	鍾耀光
	舞臺設計	張鶴金	王世信
	燈光設計	鄭國揚	李俊餘
	服裝設計	蔡桂霖	蔡桂霖
	音樂設計	山風	鍾耀光、劉文亮
	總策劃	施如芳	
演出群	主要演員	唐美雲（飾演烏俊才、白家卿） 許秀年（飾演徐芙蓉） 小　咪（飾演小風樓老闆） 高玉珊（飾演牡丹） 黃睗驊（飾演茶孃）	唐美雲（飾演桂無明） 李珞晴（飾演雲英） 小　咪（飾演姚虔） 呂瓊珷（飾演桂無明之父） 許仙姬（飾演鳳仙） 蔡振南（飾演小風樓夥計） 萬　芳（飾演杏兒） 陳囿任（飾演山神）

　　參閱兩劇之製作團隊與演出陣容，可知製作群部分大抵沿用舊班底，更易職位另有發揮。〔註3〕就演出陣容而言，《梨園天神》以唐美雲領班，率當

〔註3〕　據唐美雲歌仔戲團出版之《梨園天神》光碟所載之演出資訊所示，編劇為柯宗明；而施如芳《願結無情遊：施如芳歌仔戲創作劇本集》附錄之創作年表，將《梨園天神》列為己作。

時名震歌仔戲界的小咪、許秀年、高玉珊、黃暘驊等人，可謂堅強陣容；《梨園天神桂郎君》則在唐美雲牽線、安排下，情商在影劇、歌壇皆享有盛名的萬芳、蔡振南參與演出，起用新秀李珞晴，並在歌仔戲老將小咪、呂瓊斌、許仙姬等人的通力合作下，打造梨園天神新口碑。

表 4-1 載明兩劇的演出人員及所飾演的人物，對照《歌劇魅影》小說或音樂劇，《梨園天神》、《梨園天神桂郎君》所擷取的人物明顯大幅減少，《歌劇魅影》原著小說中有數十位有名有姓的人物，改編成音樂劇後僅保留艾瑞克、克莉絲汀、勞爾、弗明、安德烈、卡洛塔、皮安吉、吉瑞夫人、梅格等人，另安排了為數眾多的歌隊、舞者流竄場上。

唐美雲歌仔戲團沒有比擬洛伊・韋伯的雄厚資本，所能動用的人力資源亦相當有限，並考量兩劇風土民情不同，在改編過程中即大加刪削、重新調配人物關係。較為特別的是，《梨園天神桂郎君》嘗試將故事分成三線、合為一劇，在《歌劇魅影》小說或音樂劇的情節之外，虛構其他二線的故事及其人物，消解了《梨園天神》的沿襲關係，參閱下表 4-2：

表 4-2　《歌劇魅影》與《梨園天神》、《梨園天神桂郎君》人物承襲關係

身份	《歌劇魅影》	《梨園天神》	《梨園天神桂郎君》
人／鬼神	艾瑞克（魅影）	烏俊才（烏影鬼）	桂無明（桂郎君）
劇院女伶	克莉絲汀	徐芙蓉	雲英
貴族公子	韓晤／勞爾	白家卿	姚虔
管理者	劇院經理弗朗、安德瑞	小風樓老闆	無
職員	吉瑞夫人	茶孃	無
首席女伶	卡洛塔	牡丹	鳳仙
首席男優	皮安吉	無	無

《梨園天神》與《梨園天神桂郎君》二劇不僅因劇情結構導致人物有所調配，在音樂編腔、舞臺設計大不相同，兩者的精神旨趣、思想內涵也各具意蘊，行文中不免相提並論，也須回望《歌劇魅影》的原著小說與音樂劇。

二劇的改編有相當明顯的差別，為求謹慎判讀、討論，以下分別介述兩部改編文本，並評析其表演創發及審美效果。

第二節　一對神仙侶，世間無：
《梨園天神》的改編與表演

　　為了將卡斯頓·勒胡《歌劇魅影》改編成歌仔戲，須調配演員唱、唸、做、打的表演時空，而《歌劇魅影》原著小說的體制龐大，勢必要對原劇情節進行大規模的刪減，揀取精要再加以鋪排。

　　除此之外，傳統戲曲的舞臺空間、表演程式以虛代實，因此在舞臺上留置了許多「空白」供觀眾想像、體會虛擬實境的美感，若沿襲原劇戲中戲的安排恐怕動員頗眾，不利於戲曲改編，於是修改「劇院」的設定，改以「歌樓」為故事主要場景，並取消「戲中戲」的表演。〔註4〕關於情節結構的編排、唱段詞曲的編擬、精神旨趣與思想內涵、導演統籌與演員詮釋將於文中逐一析論。

一、情節結構的編排

　　《梨園天神》全劇計有八場，劇情梗概大抵循自《歌劇魅影》音樂劇，但卻削去了繁雜的戲中戲情節，特別增添了小風樓老闆、夥計等人捉鬼的科諢表現，突顯原著小說中對於社會的批判意識，但所批判、揭露的缺陷非原著小說或音樂劇所要表達的意見。

（一）劇情梗概的改編

　　整體而言，《梨園天神》的劇情擷取《歌劇魅影》中劇院更換經理、勞爾對克莉絲汀愛的回憶、魅影對克莉絲汀的指導、魅影懲戒卡洛塔、假面舞會、吉瑞夫人說出魅影的真相等情節，改編成漢化的歌仔戲版本。其中更換經理一事和魅影對女伶歌樂上的指導大幅省略，僅由口白數言以蔽之。

　　全劇採順敘的敘事發展，第一場〈老店新開〉描述王老闆買下小風樓的產權，安排歌曲與舞藝演出，從事茶點經營。到京城赴試的書生來此欣賞歌舞，其中一名書生白家卿發現表演者徐芙蓉正是昔日訂親的對象而追至後院。烏影鬼透過信函，以夷平小風樓威嚇、要求老闆尊重「祂」聽歌的權利，藉此顯現「祂」在小風樓至高無上的威權。本場次情節緊湊，在有限的時間內迅速交代白家卿與徐芙蓉自幼定親一事，以利劇情推衍。烏影鬼遞信傳達

〔註4〕　若將場景設定在勾欄瓦舍或茶館亦可行，舞臺上可以展演小戲或折子戲，製
　　　　造戲中戲的效果。如何編擬端看編劇本人的造景構想而定，在此僅是個人看
　　　　法。

要求，雙方頗有宣戰較量的意味，提前將戰火點燃，提升全劇的緊張氣氛。

第二場〈後院相訪〉，徐芙蓉在她房裡接受「梨園天神」烏俊才的指導而曲藝精進。此時，老闆領著夥計們抓鬼，抓住誤闖後院的白家卿。徐芙蓉與烏俊才對唱的歌詞交待了徐芙蓉兩年後學藝的成果。

烏俊才：一曲美聲貫天庭，滿堂喝采響不停。
　　　　日月爲妳來作證，堪稱京城第一女優伶。
徐芙蓉：感謝大哥你勤教示，殷殷教誨有兩年。
　　　　如今歌藝是進步千里，大恩當報莫推辭。

白家卿聽到徐芙蓉在房中與烏俊才的對話，誤以爲徐芙蓉心有所屬而頓生醋意。

第三場〈冤家重逢〉描述誤闖後院的白家卿被老闆審判，乃發覺是誤會一場，白家卿藉機獻計擒捉烏影鬼。

第四場〈山雨欲來〉中，徐芙蓉一曲【梨園天神】歌樂悠揚、意蘊深遠而搏得美名，但白家卿聽到「一對神仙侶，世間無」無法按奈心中妒火到後院找徐芙蓉理論。牡丹本欲技壓徐芙蓉，卻被烏俊才擒拿，失蹤收場。

第五場〈獻策捉鬼〉，老闆率領眾夥計，各個手持法器在小風樓中捉鬼，幸逢白家卿提出「面具酒宴」的計策，而有了具體捉拿、對付烏影鬼的方法。同時，白家卿獲得老闆的協助，勸服徐芙蓉離開小風樓與他回鄉完婚。

第六場〈告別歌樓〉，徐芙蓉收拾行裝，準備告別烏俊才，但受到烏俊才的迷惑而心生猶疑，徐芙蓉爲了安慰落寞的烏俊才，順手掀起他的面具，遭到他威嚇成婚。

第七場〈聚散無常〉以「面具酒宴」開場，場上人人戴著面具，烏俊才亦趁此時混進了酒宴中，數落了凡人的種種不是。老闆在此刻搜索、調查烏影鬼的下落，擒獲茶孃喬裝的烏影鬼，此時傳來白家卿高中探花的消息，白家卿被迫「過府謝恩」，留下徐芙蓉在小風樓面對烏俊才的威逼。

第八場〈名留梨園〉，老闆與夥計們跟著茶孃的指示到達烏俊才的地宮，不敵烏俊才的身手與機關，逃之夭夭。徐芙蓉聽聞了烏俊才的身世與獨白，本欲離棄白家卿而與烏俊才在一起，然而烏俊才明白徐芙蓉對他仍懷有恐懼，選擇了結自我、成全徐芙蓉與白家卿。

（二）劇情剪裁與增衍

《梨園天神》大抵沿襲《歌劇魅影》音樂劇梗概（結局則依循小說），但並沒有繁多的場次分隔，只分為八場，劇中融入頗多詼諧逗趣的調弄，幾乎在每一場次都有十足逗趣的表演，此般安排一來調劑場面冷熱，另一原因則考量唐美雲一人分飾烏俊才及白家卿兩腳色，需要時間換裝、準備。歌仔戲本來就有踏謠調弄的表演技藝，在劇中安排王老闆、茶孃等人的諧趣表演，頗能增添演出「笑」果。不過為了保留充裕時間讓演員換裝，則突顯出劇情被分割而不凝鍊的缺陷，也因為安排了搞笑的演出佔去不少展演時間，有「拖戲」的疑慮。

就情節的增刪情形來看，可參照黃千凌的說法：

> 因小說與戲劇的文體及敘事觀點差異頗大，事實上《梨園天神》借用的是原以愛情為主題的音樂劇《歌劇魅影》之綱架，再刪去劇院工作人員連續離奇死亡的情節，以小風樓老闆率領夥計捉鬼的情節取代之，並將原劇的「戲中戲」由三場精簡為一場（中秋詩會），而後部分參照勒胡小說的情節，例如茶孃假扮黑影鬼、寫信勒索酒店老闆，以及黑影鬼成全男女主角戀情的結局。〔註5〕

可確信的是，《梨園天神》主要參考《歌劇魅影》音樂劇的架構，再重新編排、調整情節，但黃千凌的說法有其瑕疵。

其一，他認為《梨園天神》刪去劇院工作人員離奇死亡的情節，並以小風樓老闆率眾捉鬼取而代之，但在《歌劇魅影》音樂劇中，工人布奎係因口無遮攔而被艾瑞克奪命，〔註6〕《梨園天神》中的夥計們個個膽小怕事、噤若寒蟬，倒與烏影鬼相安無事，不應當認為是小風樓老闆率眾捉鬼來取代奪命的情節，且《梨園天神》是透過凡人迷信玄怪的心理來製造疑端，頗有精簡劇情及人力的功用，但為了調劑場面冷熱，仍有枝節橫生的安排，在第三場〈冤家重逢〉和第五場〈獻策捉鬼〉中，小咪發揮其「三花」的本領，唸白說得溜且唱作俱佳，別具趣味但有妨礙全劇情感連貫之嫌。

其二，黃千凌言及「部分參照勒胡小說的情節，例如茶孃假扮黑影鬼、寫信勒索酒店老闆，以及烏影鬼成全男女主角戀情的結局」，就此對照原著

〔註5〕黃千凌：〈當代臺灣戲曲跨文化改編（1981～2001）〉（國立臺灣大學戲劇研究所碩士論文，2001 年 06 月），頁 60。

〔註6〕原著小說和喬‧舒馬克改編的電影版係因工人發現魅影的行蹤而慘遭毒手。

小說、音樂劇，吉瑞夫人從頭到尾都維持著恭敬的態度，未曾假扮魅影滋事，也沒有假借鬧鬼的傳聞向劇院經理索賄，自始至終僅忠誠地為艾瑞克服務。

其三，《梨園天神》在結局的安排仍維持著含蓄保守的風格，而沒有「吻戲」作結（親吻具有愛及攻擊的本能，在文本中有其重要的意涵，容次章再敘）。最可議的是，在緊要關頭缺席的白家卿只顧著功名過府謝恩，卻沒能到地宮援救徐芙蓉，無疑大幅削弱了白家卿的人物形象及其與徐芙蓉的篤實情感。

此外，《歌劇魅影》音樂劇中有三場戲中戲，《梨園天神》則安排「中秋詩會」的唱曲活動，唱戲與唱曲兩者大不相同，並不能說是「精簡成一場戲中戲」。黃千凌提到老闆與茶孃在劇中逗趣誇張的插科打諢是為了符應劇情需要，但抽掉審鬼、捉鬼的情節，其實並不妨礙全劇，又何來必要性？歌仔戲丑角向來具有甘草風味，有時在劇情無關緊要處搞笑逗弄觀眾，或許《梨園天神》作為創團作過於顧慮觀眾的反應與感受，遂安插了調笑的劇情，也得以供給唐美雲換裝的時間，但這般安排仍顯累贅。

綜觀《梨園天神》情節安排，不難發現烏俊才、徐芙蓉與白家卿三人的互動往來比起《歌劇魅影》小說或影劇都來得少，由於唐美雲一人分飾烏俊才、白家卿二腳色，使得全劇幾乎沒有任何交集，且《梨園天神》在有限的表演時間內塞入了不少非關主旨的故事，嚴重壓迫劇情的推展進度，使得〈面具舞會〉一場之後就硬是將劇情推上最高潮，缺乏推展劇情高潮的層層鋪陳，頗為可惜。

二、唱唸詞曲的編擬

綜觀全劇的曲詞唱唸大抵可分二種類型，一種是王老闆、夥計們和茶孃俚俗的言談與歌唱，另一種則是烏俊才、徐芙蓉和白家卿三人糾結愛戀的浪漫情歌，兩種類型在劇中交錯安排，節奏緊弛急緩錯置頗能調劑場面。

（一）俚俗諧趣的唱唸

詼諧俚俗的唸白與歌曲，搭配逗趣的肢體動作，頗能刺激觀眾的視聽感受，最經典的唱段莫過於王老闆品鬼、論鬼：

王老闆：【江湖調】

> 人說有山就有水，有神就便有鬼，
>
> 若是說起那世間的鬼，奇形怪狀是排整堆。
>
> 起先來說天壽鬼，品性不好真歹嘴。
>
> 第二來說愛哭鬼，眼淚親像水道水（自來水）。
>
> 第三來說這隻青狂鬼，闖來闖去是若酒醉。
>
> 第四來說不肆鬼，整天想要追小姐。
>
> 第五來說碰肚鬼，腹肚全氣愛放屁。
>
> 第六來說獅吃鬼，碗公吃飯吃到反胃。
>
> 【七字轉雜唸調】
>
> 第七來說小氣鬼，甘願吃醋不吃虧。
>
> 第八來說不晟鬼，太過張狂給人捶。
>
> 第九來說風流鬼，走路專門看美腿。
>
> 第十來說貧窮鬼，賭博全輸不富貴。（撞到白家卿）
>
> 還擱有這隻摸壁鬼。

這一唱段，從第一進展到第十，所罵之「鬼」實際上卻是指「人」，指鬼罵人的說詞道出人類的醜行。王老闆邊唱邊舞，與夥計們的表演搭配十分諧趣。黃千凌亦指出：

> 《梨園天神》的特點在於生動靈活的語言以及三花（王老闆）、花旦（茶孃）妙趣橫生的科諢。喜歡捉鬼、扮戲的酒店老闆，以及扮鬼勒索卻擺烏龍的茶孃是穿插全劇的甘草人物，逗趣誇張的表演充份結合了劇情需要，為此劇增色不少；酒店老闆的臺詞幾乎大半採押韻的「聯句」，運用豐富逗趣的俚諺展現歌仔戲的語言特色，此點可謂相當成功。〔註7〕

這些甘草人物的表演確實帶給觀眾很大的樂趣，但是否符合劇情的需要呢？換個角度想，抽出這些詼諧的情節有何不可？當然，歌仔戲親民的特質不外乎運用熟悉的曲調搭配詼諧逗趣的表演，但就《梨園天神》整齣戲來看，詼諧的成份著實過份了些，大大折損了烏俊才、徐芙蓉和白家卿的浪漫情懷。我想，如果要在劇情中減少搞笑而充實浪漫情懷，王老闆扮演包公審判「烏

〔註7〕　黃千凌：〈當代臺灣戲曲跨文化改編（1981～2001）〉（前引文），頁 60。底線另外加示。

影鬼」一段可以省略或修改，且唐美雲在此時沒有換裝的負擔，刪去此段表
演有益劇情凝鍊，逗趣搞笑雖有必要但不應濫行。

（二）新編曲調的運用

《梨園天神》在音樂程式的限制下，雖能新編曲調以豐富聽覺享受，但
仍是以歌仔調爲主要基礎來安腔編樂，自由性質及創意程度自然不及《歌劇
魅影》音樂劇。但既然有新編曲調的運用空間，應當要設法融貫於劇情之中，
並且可適度以重唱、輪唱等方式演述角色人物的心聲，甚至可以用該曲調的
音樂來襯托背景，但編劇卻只設定成烏俊才爲了徐芙蓉在中秋詩會大顯歌
藝，所譜寫的「新詞」：

徐芙蓉：【梨園天神】

　　　世間何物爲至寶，權勢高、金銀好，聚散容易、時去如潮落，
　　　天涯海角有盡頭，不如花間蝶，春意多。
　　　誰羨俗子拋纏頭，一對神仙侶，世間無。

將一首歌曲反覆再現能讓觀眾熟悉甚或記憶音樂旋律，這首新詞之作亦在劇
中出現數次，但問題是歌詞的意境是否能與全劇呼應呢？顯然編劇有意嘲諷
掌權貪財的人性，而歌詠愛情的美好，但如果這道盡了徐芙蓉的心聲，那麼
徐芙蓉該情歸白家卿這樣的官宦人家嗎？抑或許烏俊才在填詞時，站在芙蓉
的立場設想兩人的未來，「一對神仙侶，世間無」慨嘆事與願違，心中所追求
的歌藝與愛情不能兩全。整首新詞看來雖有立意，但效果不彰，且未能充份
呼應全劇旨趣。值得一提的是，烏俊才在面具舞會上唱出了自己「爲人」的
心聲：

烏俊才：【都馬調】

　　　我笑看凡人全是人痴人貪人嗔人怨人恨人惡人面獸心，
　　　人人爲己人心叵測人言可畏人情冷暖人不如人，
　　　如今日出西方天落紅雨，我才能夠正大光明，不用靠面具來自由行。

編劇刻意堆砌「人」字編成曲詞，讓烏俊才唱出他的心聲，但這些詞彙的鋪
排直接援用成語，使得唱詞並不整齊（實際上也難以更易，可見編劇難爲），

由於是長短句且句子冗長而套用【都馬調】，但聽來倒也不太順暢，若前二長句改用唸白，「如今日出西方天落紅雨」之後的句子調整成四韻句，輔以【都馬調】或【霜雪調】等曲調來演唱或許更加通順。〔註8〕

（三）曲調編配的考量

《梨園天神》有一段曲詞的編腔應作調整。當白家卿聽到徐芙蓉在中秋詩會所演唱的新詞「一對神仙侶，世間無」，竟醋勁大發，指著徐芙蓉大罵：

白家卿：【漢調】

　　　　歌詞之中款曲通，人神曖昧理難容。

　　　　妳放捨舊情形放蕩，將我當作呆頭翁。

徐芙蓉：怒氣沖沖將我罵，芙蓉一時找無題。

　　　　填詞作曲為要顯才藝，人神哪有曖昧的關係！

　　【漢調】又稱【殺房調】，是觸引人物殺機時所演唱的曲調，但在此處白家卿僅只動怒而沒有殺機，不宜採用【漢調】演唱，若要維持憤怒的情緒可運用快板【七字調】或【怒罵】等曲調，必要時則易動字句以【藏調】演唱之。換個角度想，這純粹只是白家卿一時吃醋，若要表現徐芙蓉對於白家卿無故動怒的不滿與長年疏遠的怨懟，也可調整成【雪梅思君】等較為哀怨的曲調來抒發情感。

　　曲調的編排自然有專業的考量，不同的搭配或組合能營造出不同的效果，但對於特定曲調的運用當有所堅持，我對於劇中王老闆扮師公（司公）捉鬼演唱【陰調】亦認為不甚適切，雖然當時的情境相當適合陰調的詭譎氣氛，但既然王老闆已經扮演師公，在曲詞安腔的考量上可援用【師公調】也較符合身分，畢竟王老闆本身並非鬼魅。此外，若烏俊才要能分別詮釋「天神」與「烏影鬼」的兩種身分，在曲調的運用上也可以有所分野，扮演「天神」首次出現時可唱【下凡調】；扮演「烏影鬼」首度現身時可唱【陰調】，以音樂烘托情境氣氛，也突顯人物的身分，如此安排既合乎人物身份特質，也能以音樂營造人物登場的氛圍。

〔註8〕　這一唱段頗類似京劇《徐九經升官記》（習志淦、郭大宇編劇，1981 年）「當官難、難當官……」一段，或可參佐該段處理曲詞與編腔，也不失為一種取鑑的方法。

三、精神旨趣與思想內涵

　　《梨園天神》雖然改編自《歌劇魅影》，但其中納入了許多漢文化特有的風俗和行動，也翻拷了傳統戲曲的諸多情節，尤其在白家卿和王老闆身上最為明顯。白家卿與這群書友赴京趕考的行動及白家卿後來得中功名，都是傳統戲曲中常鋪排的事跡。白家卿是上京赴考的舉子，但因家風甚嚴，出入風月場所甚至要戴上面具才敢行動，顯得白家卿迂腐而不知變通，這種君子風範向來是歌仔戲裡文弱書生的標準形象，當他發現與他自幼有婚約的徐芙蓉在小風樓賣藝時，為了捍衛其父早先的媒妁之言，便有「救風塵」的決心，如此看來，白家卿種種行為表現都顯得庸俗，不僅無法刻劃人物形象，也無法塑造出較為特殊的思想內涵。

　　但《梨園天神》似乎也有意檢討這種士風，在徐芙蓉舞劍演唱的「三山半落青山外，二水中分白鷺洲。總為浮雲能蔽日，長安不見使人愁。」（李白〈登金陵鳳凰臺〉），和之後烏俊才為她譜寫的【梨園天神】中，都刻意借題發揮，表達對於功名利祿的鄙視。烏俊才之所以輕視士大夫，係因自己天資聰穎卻只得潛居地宮，過得人不像人的生活，縱有一身才藝也無用武之地，遂因此藉歌曲撻伐世俗崇尚功名的觀念。

　　本劇對於人性也有很深刻的譏刺，王老闆為商重利而失仁厚，茶孃貪財且缺德，在劇中以詼諧逗趣的表演一笑帶過，實則有大大的嘲諷之意。在眾多的意涵中，最重要的愛情主題呢？《歌劇魅影》最大突出之處在於製造了克莉絲汀與艾瑞克、勞爾三角戀的衝突，但《梨園天神》因為唐美雲一人分飾白家卿和烏俊才兩個腳色，自然不可能有面對面的衝突刺激，就連徐芙蓉被擄到地宮時，還是烏俊才一念之仁才將她釋回，白家卿姍姍來遲，絲毫沒有英勇的特質又如何讓人相信他是值得依靠的對象呢？且白家卿與徐芙蓉自幼雖有媒聘，但未必培養出堅定的愛情信念，更讓人懷疑的是，白家卿是真的愛徐芙蓉，還是出自於婚約的承諾，這一點雖然無從驗證，但可知這場戀愛談得不那麼轟動熱烈，感情稍嫌乏味。

四、導演統籌與演員詮釋

　　綜觀《梨園天神》全劇的表現，不難發現導演企圖在寬廣的舞臺上充滿「畫面」，除了實體的桌椅、道具之外，舞者流竄其間載歌載舞，有效仿《歌劇魅影》音樂劇舞群歌舞的用意，但《梨園天神》演員和舞者的服裝過於花

俏，使得畫面略感紛雜，再加上道具陳設，使得表演空間被擠壓，一小群人在一小塊空間歌舞，一下持劍、一下舞飄扇，畫面顯得擁擠。此外，徐芙蓉既歌唱又舞劍，雖說酒館茶園裡有舞劍的表演無非不可，但這樣的設定有何意圖？舞劍顯得徐芙蓉剛強剽悍，這樣的設定似乎不太恰當。

此外，舞者所舞是否貼近曲詞頗令人懷疑，而徐芙蓉坐在亭內彈奏琵琶歌唱時，舞者在舞臺中央跳舞，那麼觀眾此時此刻該注目於何人？雖然場面熱鬧但主、客關係變得零散，且舞者水袖過長反倒無法善加施展，致使舞蹈表現平平，並無突出之處。徐芙蓉在揣摩彈奏樂器時顯得虛假，讓人感到奇特的是，場上明明僅徐芙蓉獨奏琵琶，緣何傳來繞樑笛音以及其他器樂？（當然可以解釋成小風樓也有樂師在幕後伴奏）單純只聽樂池的琵琶獨奏傳音，其實也能塑造出如怨如慕、如泣如訴之感，可作此調整。

傳統戲曲搬到寬廣的現代劇場，面臨著偌大的空間常有刻意充填舞臺畫面的作法，但戲曲本來就重視寫意的表現，且應該讓觀眾的視線有聚焦的焦點，過於繁雜的表演或佈置，反倒不利於戲曲欣賞。

全劇融注了許多戲曲傳統的特色，由於調笑意味過於繁重，減損了劇中人物愛戀互動的情感。此外，也因為人物背景重新設定，白家卿和徐芙蓉與勞爾、克莉絲汀差異甚大，雖然有漢化的特色，但也因缺乏童年純愛心意而不吸引人。

《梨園天神》成功塑造了烏俊才的形象，但白家卿、徐芙蓉、茶孃的形象則沒有改編得恰到好處，這些重要人物的設定沒有妥善，又怎能織構出適切的劇情，也因為角色扮演和戲份調配的緣故，使得這齣愛情戲磨擦不出熾豔的火花。

第三節　舊腔記流年，傷心隨韻轉：
　　　　《梨園天神桂郎君》的改編與表演

前作的修編、整編向來是戲曲舊劇題材保存與發揚的重要工作，如果要修整《梨園天神》應該可達到不錯的演出效果，但難出新意。《梨園天神桂郎君》的出現，可謂編劇施如芳「再創作」的作品，融匯了新穎精神旨趣與思想內涵。就此而言，因為人物、情節的翻新，《梨園天神桂郎君》算不上從《梨園天神》加以整編、修編，而是重新在《歌劇魅影》的架構上有所提煉。《梨

園天神桂郎君》的故事靈感明顯源自《歌劇魅影》，但其中所蘊含的情思則有別於此，融入〈九歌〉神人互動的感召後，成爲一部新的改編作品，應持此觀點來看待才不致評論失當，誠如節目冊〈迷離而纏綿充滿自信的東方Phantom：《梨園天神桂郎君》的創作緣起〉中所言：

> 唐美雲剛開始和劇院談整編《梨園天神》的時候，本來是想藉著挑戰舊作來見證九年來劇團累積的創作能量，沒想到後來她陸續邀到實力派歌手萬芳、音樂劇《梁祝》的作曲家鍾耀光，最擅長量身訂作的編劇家施如芳一下子靈感泉湧，除了原劇中那座歌樓的名號「小風樓」沒動外，從人物、情節到口白、唱詞，全都拆了換新。〔註9〕

推陳出新的《梨園天神桂郎君》在施如芳的巧思下，展現了與眾不同的歌仔戲風格，編寫出長短句式的唱詞，延展歌仔調敘事與抒情的表現，跨界合作更讓全劇的風貌有別於過往，種種創新的實驗確實爲歌仔戲的表演帶來改變，但這樣的改變是否禁得起考驗？以下亦從情節結構的編排、唱段詞曲的編擬、精神旨趣與思想內涵、導演統籌與演員詮釋逐一析論。

一、情節結構的編排

《梨園天神桂郎君》與《梨園天神》大異其趣，最明顯的變動在於情節結構的編排，既非《梨園天神》、也不是《歌劇魅影》小說和音樂劇所有，而且虛構了桂無明這一人物的出走與回歸。施如芳企圖在人生的不圓滿中，給予桂無明一個有權利被愛的機會，讓遊蹤的浪子覓跡歸途。

（一）劇情梗概的改編

《梨園天神桂郎君》是在改編的基礎上再創作，情節已不是主要考量，桂郎君這個人的性格、才情與命運才是整齣戲所要關注的主要對象，全劇其實圍繞著桂郎君的一生而發展，就如同施如芳所說：

> 《桂郎君》和《梨園天神》創作思路最大的不同，在於《梨》追著原著情節跑，《桂》則是抓住「桂郎君」這個鬼才去設情節、掘細節。例如第二男主角「書生」，《梨》爲他鋪設出完整而繁瑣的身分背景。到了《桂》，我便只勾勒幾筆，寫出「文雅純情、玉樹臨風」等受漢人社會青睞的書生形象，他即足以在愛情戰場上威脅桂郎君，看似

〔註9〕 《梨園天神桂郎君》節目冊，2006年。

　　柔弱卻是勝券在握，逼得剛烈的桂郎君，不得不走到寧可玉碎的那

　　一步。〔註10〕

　　全劇著眼在桂郎君的生平際遇，雲英和姚虔不過是偶然闖入他生命中的過客罷了，更因為全劇的結構析出三條脈絡，每一條脈絡的故事僅能微弱地繫住桂無明這個人，劇情敘事已不是全劇的重心，舞臺上更多時候是人物的感懷抒情。

　　《梨園天神桂郎君》全劇計有五場，無明確場次名目，我將依各場次順序簡述劇情。由於本劇的敘事手法別出心裁，除了小風樓故事外，另插敘桂郎君出生的景況，全劇時空穿梭繁複，故製表介述，分主線、副線與支線，以清眉目。〔註11〕詳見下表：

表4-3　《梨園天神桂郎君》劇情分場說明

場次	脈絡	劇情發展
楔子	主線	桂無明回到麗水城，在小風樓住宿過夜，忽然聽見杏兒的歌聲，小風樓的夥計告知桂無明此處有個傳奇人物。
第一場	副線	小風樓舞藝演出吸引眾多書生寄情歌舞，痴迷頭牌鳳仙的聲姿。 雲英喪父流寓至小風樓，深夜行歌獲桂無明賞識，欲加以利用，遂與雲英訂下師徒情緣。
第二場	副線	姚虔尋訪雲英至小風樓，眼見雲英在小風樓一曲成名。 桂無明陷害鳳仙失聲，並引起小風樓一陣騷動。 姚虔以扇子向雲英互許定情。
第二場	支線	桂無明的生母將他產下，嬰孩的面容讓人驚懼，呼其為鬼。嬰孩因面容醜陋遭受歧視，桂無明的父親拒絕承認這個嬰孩是他親生兒的事實。
第三場	副線	雲英打算將與姚虔定情一事告訴桂無明，但桂無明對雲英意亂情迷，刻意阻擾兩人的感情，並對雲英顯露真實面貌，桂無明在雲英的驚叫聲中潛入黑暗。
第四場	支線	桂無明的父親猶疑是否將嬰孩丟棄在山林荒野，山神則要他捨棄予祂，並造化安排小風樓裡駝背的老琴師撿走嬰孩，將他扶養成人。

〔註10〕施如芳：《願結無情遊：施如芳歌仔戲創作劇本集》（臺北：聯合文學出版社股份有限公司，2010年11月初版），頁221～222。

〔註11〕若依劇情份量的比重而言，桂無明和雲英師徒的故事理應視為「主線」，但考量到全劇故事發展的時序安排以及全劇的精神旨趣和思想內涵，推想編劇別有意圖，遂以桂無明舊地重遊為「主線」；桂無明、雲英和姚虔三人的情感糾葛為「副線」；桂無明出生及被棄養的遭遇則為「支線」。

第五場	副線	雲英本欲與姚虔奔逃出小風樓，不料被桂無明識破，被桂無明擄至小風樓地洞中。 桂無明向兩人說出自己的身世，雲英聽聞後本欲就此陪伴桂郎君一生，而桂無明因此感到心滿意足，便讓兩人離去。
尾聲	主線	杏兒與桂無明相會在小風樓的地宮，由於杏兒對桂無明的摯愛，使得桂無明的面貌變得完好，如獲重生。

綜觀全劇，主線是桂無明重訪小風樓尋根，副線是「小風樓傳奇」的過往事跡，支線則是桂郎君出生的景況。副線即襲自《歌劇魅影》的情節，描述桂無明結識雲英並利用她傳揚美聲，盼能與她終生相伴，姚虔的出現帶給雲英一線「生機」，兩人本欲相偕離開小風樓，卻被桂無明阻撓，幾經波折後，桂郎君成全雲英與姚虔，自己則離鄉遊蕩。全劇主線、副線與支線交織，特別交代桂無明出生時的樣貌與遭遇，透露出破除面容「詛咒」的方法。

編劇施如芳費了不少心思在主線與支線上，環顧桂無明的初生與重生，其實正是一種出走（離家）與回歸（返家）的過程，或許有人會認為縱使要返家也該回到桂王府，怎會來到小風樓，而這樣的設定其實是一種回顧過往、尋求自我認同的途徑，對桂無明而言，他的家就是老樂師工作、生活的小風樓，他的家是擁有刻骨銘心的愛戀之處。

（二）情節刪減與增衍

《梨園天神桂郎君》的敘事亂中有序，桂無明重返小風樓後，杏兒腦海中的〈小風樓傳奇〉隨即再現，小風樓裡的歌伶舞女殷勤獻藝，書生士子流竄花間的景象從杏兒的記憶裡翻湧出來，桂無明、雲英和姚虔三人的印象也隨之浮現，結局收煞在桂無明找到回家的路，盼到一位姑娘為他流下熱淚。按時序遞進而言，桂無明重返小風樓及最後找到回家的路為主線，是編劇施如芳獨運匠心之處，女伶、假鬼、書生的故事已不再是全劇的重心，儘管他們的戲份比重頗大，但重彈老調並不是這部戲的企圖。施如芳對整齣戲的結構曾言：

> 除了《歌劇魅影》既有的三角戀主線，我另外發展了兩條副線，形成三個不同時空交叉扭纏、隱然呼應的結構。副線之一，是「瞞劇中人不瞞觀眾」，寫出桂郎君所不知道的「父親」。對此，我的思考是：東方儒家社會的親情關係比西方緊張得多，富貴之家若生出了身心殘障的「怪胎」，所承受的壓力簡直近乎恐怖。桂王爺遭遇山神石怪那場的意象、氛圍，乃受舒伯特取歌德詩作入歌的《魔王》所

　　啟發，與其說真有神怪，不如說這是桂王爺心頭的魅影幻化而成，
這場對話是「為人父者」的自我懺恨。〔註12〕

　　施如芳在新作編創中找尋一個「轉圜」，以鬼面示人的桂無明得以藉此面
對自己、獲得重生。這個「轉圜」不可能憑空而生，遂溯及多年前桂無明出
生之日，可見施如芳費了不少心力在支線（即引文之「副線」）上的經營，寫
桂王爺盼望生得桂子傳宗基，喜獲麟兒之情卻因嬰兒有張鬼臉而墮入谷底，
當要捨棄這個嬰孩時，卻又盼望他能找到回家的路，呼應主線的發展，但仍
讓人感到劇情的編排有不合理之處，為何桂無明找得到一個真心愛他的姑娘
就會找到回家的路？而杏兒為何聽了〈小風樓傳奇〉就對桂郎君痴戀不已？
這些在劇中沒有交代的情節，留給觀眾想像作結，如此結局是好是壞，端視
觀眾心證。

　　《梨園天神桂郎君》全劇重心放在愛情的試煉上，較為特殊之處在於主
線、副線和支線的安排，在劇中交代了桂郎君的身世，有助於觀眾深入體會
他的處境與情緒，但設計一個讓他找到回家路途的方法，則顯得類近「童話」
的結局，如王子親吻白雪公主、睡美人一般，就能破解深烙在臉上的命運詛
咒。「桂」這個字給了桂無明太過沉重的負擔，當親情之愛無法哺育時，便會
尋求其他情感的支持，可惜編劇僅在劇中鋪陳了一則童話般的預言，對於這
樣的轉移沒有多做鋪陳。

　　《梨園天神桂郎君》得以見識出施如芳勇於嘗試的精神，在歌仔戲力求
精緻化的今日，這樣的劇本寫作策略頗值得注意。長年從事京劇劇本編撰的
劉慧芬，對於戲曲劇本的編創心得可為參照：

　　　戲曲劇本創作，與一般舞臺劇創作最不同處在於，戲曲表演必須依
　　　循一定的表演程式，這套程式形成了全面性的創作框架，現代的戲
　　　曲劇作者面對這套框架，游離其間，如欲擺脫或全面突破，戲曲的
　　　基本特質便易遭受質疑；但又不願完全受其拘束，便經常以各種創
　　　新名目，掙脫程式規範，以致當代新編戲愈來愈與「舞臺劇」（話劇）
　　　類同。個人以為，程式的規範雖不能擺脫，但程式的運用，卻可見
　　　仁見智，獨運匠心。〔註13〕

─────────────

〔註12〕施如芳：《願結無情遊：施如芳歌仔戲創作劇本集》（前引書），頁222。
〔註13〕劉慧芬：《原創與實驗：戲曲劇本創作新實踐》（臺北：文津出版社有限公司，
　　　　2010年03月初版），頁138。劉慧芬認為：「程式的規範雖不能擺脫，但程式

　　誠如劉慧芬所言，戲曲劇本有其難爲之處，但並不代表毫無可爲，更不該無所作爲地服膺於傳統框架之中，戲曲的架構與敘事策略的運用還有待拓展與實驗。

二、唱段詞曲的編擬

　　作爲音樂劇的《歌劇魅影》，其音樂、歌曲和劇情緊密結合，譜曲作詞皆是量身訂作而成，且編劇、作曲皆由韋伯一手包辦，使全劇高度統整。以唱、唸、做、打爲主要表演內容的歌仔戲《梨園天神桂郎君》，須在歌仔調的基礎下倚聲塡詞，在音樂程式的限制下，雖能新編曲調以豐富聽覺享受，但仍是以歌仔調爲主要基礎來編樂安腔，自由性質及創意程度自然不及《歌劇魅影》。但這並不表示順從曲牌塡詞的歌樂不足聽之，端看編劇、作曲、編樂者的合作搭配來觀察。

　　由於鍾耀光的參與，使得《梨園天神桂郎君》在音樂上予人耳目一新的感受，其中雲英演唱（並與桂無明對唱）的歌曲，更是十分動聽，歌詞寫來極具美感：

雲　　英：且慢來，且慢。

　　　　　舊腔記流年，哪堪時行新翻。

　　　　　對紅顏，且盡有限杯，一片傷心隨韻轉。

　　　　　聲聲慢，此時此地，漫得日月閒。

這首歌曲柔美，歌詞的意境較之《梨園天神》「世間何物爲至寶」更爲悠遠綿長，尤其「傷心隨韻轉」一句道盡了桂無明作曲自娛、聊以安慰的心聲。值得一提的是，王安祈對於施如芳唱段編創上的構想頗爲認同：

　　　　《梨園天神桂郎君》一段〈且慢來〉，也使這齣戲的價值拋開「歌仔
　　　　戲改編自音樂劇」的話題糾纏，體現了自我獨立的文學意義。當文
　　　　筆鉤出了人心底層流動搖曳的萬縷千絲，當文筆能在抒情達意之上

的運用，卻可見仁見智，獨運匠心。」並以其編寫之京劇《胡雪巖》的歷程作爲驗證，從題材的選擇、風格的定位、人物的刻畫、結構的布局、曲詞的編撰至場景的鋪排皆以戲曲基本程式爲依歸，在規範之中得到創意運用的空間，並不會受限於規範而扼殺了創作空間，反而確保戲曲藝術的純良品質。爲益於研讀而標示引文底線。

> 　更體現意境，古今中外各種文學形式頓時相通。此時討論什麼「跨
> 　文化」或「劇種語言特質」都是多餘的，如芳深邃幽杳的情思與冷
> 　靜清剛的筆調，本身即是純粹的美。有些歌仔戲專家認為如芳的唱
> 　詞並非歌仔戲的本格正宗，但我認為，現代詩般的語言或許是打開
> 　歌仔戲現有格局、提升文學意境的一把鑰匙。〔註14〕

不過，假使歌仔戲唱詞皆有如現代詩的語言，那麼我們所欣賞的歌仔戲是否
適合搬上舞臺演出呢？還是只適合供作案頭欣賞？不僅如此，歌仔戲向來七
字一句、四句一段的概略雛型也因此瓦解，如此看來已不是文字上的問題，
而是歌仔戲本質再一次變化的問題，值得深思。

　　關於全劇的唱詞編寫，特別要注意多處挪用了古代詩辭字句，甚至一字
不改，頗有拼湊化用之意，且看以下數例（留意畫線處）：

桂無明：唉呀！我在她的樂音中，看到一隻無枝可棲的孝鳥。
　　　　<u>未成曲調先有情</u>，琵琶弦上嘆伶仃。
　　　　琢磨璞玉展靈性，藉伊宣揚我美名。
雲　英：<u>輕攏慢撚抹復挑</u>。
桂無明：纖纖素手屬窈窕。
雲　英：囚在巢中盼親鳥。
桂無明：陰陽兩隔路迢慓。

「未成曲調先有情」和「輕攏慢撚抹復挑」明顯出自白居易〈琵琶行〉，原句
挪用而不更改；而「琵琶弦上嘆伶仃」則類近文天祥〈過伶仃洋〉「零丁洋裡
嘆零丁」一句。其中「輕攏慢撚抹復挑」過於文言且不易透過方言發音，直
接挪用易造成觀眾理解上的困難，沒讀過〈琵琶行〉的人又怎能理解歌詞意
義及其「似訴平生不得志」的哀嘆。

　　此外，當桂無明有意將雲英收為弟子，透過雲英的歌聲來傳揚他的音樂
成就，此一唱段引用不少〈少司命〉的辭句，企圖營造人、神相會的氣氛：

桂、雲：<u>悲莫悲兮生別離</u>，<u>樂莫樂兮新相知</u>。

〔註14〕王安祈：〈一切從深情出發〉，收錄於施如芳：《願結無情遊：施如芳歌仔戲創
　　　　作劇本集》（前引書），頁11。

雲　英：承蒙眷顧萬重意，事君如同親女兒。

桂郎君：收爲弟子有用意，居高臨下一盤棋。（二部合唱）

雲　英：郎君，郎君，雲英求見郎君——

　　　　忽然眼前，忽然天邊，<u>來無言語</u>，<u>去無相辭</u>。<u>伊可是攬轡載雲旗</u>？

　　「悲莫悲兮生別離，樂莫樂兮新相知」出自於〈少司命〉原句；「來無言語，去無相辭。伊可是攬轡載雲旗」則轉化自「入不言兮出不辭，乘回風兮載雲旗」。直接套用原句並非完全不妥，但會顯得辭窮而缺乏新意，且過於文雅的詞彙不利於理解，試問觀眾席間又有多少人讀過〈少司命〉，更何況有多少人讀懂呢？且雲英、桂無明初次際遇，又怎知「悲莫悲兮生別離」？若眞要援用此句（或連帶下句），宜調整到最後兩人同在地宮時對唱較爲恰當。

　　此外，雲英唱道「事君如同親女兒」顯然是將桂郎君當作長輩看待，但這一句唱詞折損了人、神愛戀的情意，除非我們視爲「戀父情結」來作解釋，卻又與〈少司命〉違背，使得雲英、桂無明之間的關係不明不白，或可修改。

　　劇中引用〈少司命〉詩辭的唱段尚有：

雲　英：我想，郎君一定是生做堂正光明，風度翩翩。

　　　　<u>荷衣兮蕙帶</u>、<u>沐髮臨風</u>，行雲兮樂章、日月齊光。

　　　　敬神如神在、宛然尊容。獻唱一曲兮、聊表情衷。

　　「荷衣兮蕙帶」直接挪移〈少司命〉原句，「沐髮臨風」則轉化自「與女沐兮咸池，晞女髮兮陽之阿，望美人兮未來，臨風悅兮浩歌」，仍有影響演員演唱與觀眾理解的缺點。以上列舉較顯而易見的詞句爲例，但劇中其實尚有許多拼湊的痕跡，諸如「飛鴻踏雪泥」、「醉翁之意不在酒」、「三千寵愛」、「雲想衣裳花想容」、「出身汙泥而不染」、「冰心一片在玉壺」、「比翼同林鳥」等處可見。〔註15〕

〔註15〕「飛鴻踏雪泥」出自蘇軾【定風波】：「莫聽穿林打葉聲……」。「醉翁之意不在酒」出自歐陽脩〈醉翁亭記〉。「三千寵愛」出自白居易〈長恨歌〉。「雲想衣裳花想容」出自李白〈清平調〉。「出身汙泥而不染」化自周敦頤〈愛蓮說〉。「冰心一片在玉壺」化自王昌齡〈芙蓉樓送辛漸〉。「比翼同林鳥」則合「在天願做比翼鳥」和「夫妻本是同林鳥」爲一句。劇中此類的句子頗多，若逐一考究、比對，則多處皆有引用。

　　綜觀《梨園天神桂郎君》全劇唱詞，不難發現運用多處詞句是以華語邏輯寫成，甚至挪用古典文學作品中的詞句加以改造、充填。這種直接挪用前人文句，很少更動的作法不免有拾人牙慧之嫌，且恣意拼湊，未必利於演唱發音。唱詞的編寫講究字斟句酌，尤其歌仔戲需要以方言演唱，意欲化用前人詩句並非不可，但最好能作到點鐵成金、奪胎換骨，具備獨立的創作意識才好，如此活用才能翻奇出新、再鑄偉詞。〔註16〕張啓豐對於詞曲編寫有以下看法可以參照：

> 「曲」既為戲曲劇場的表現主體，不論是「依字行腔」或「倚聲填詞」，都關乎「語言旋律」與「音樂旋律」諧融與搭和。這是歌仔戲音樂設計、唱腔編創中時常受到注目的話題，如何讓演員演唱的曲詞讓觀眾一聽就懂，而不必非得看字幕才能瞭解。目前歌仔戲曲詞與曲調創作最明顯的問題是「倒字」及「詞語運用」，「倒字」指的即是「語言旋律」與「音樂旋律」彼此扞格，導致語意偏差。至於「詞語運用」，最普遍的情形就是唱詞中出現非臺語思維的成語與用詞，也就是用國語的思維來編創劇本，這樣的劇本如果遇到有經驗的演員，還可以經由演員個人加工處理，轉化為臺語思維下的語詞，否則，就會慘不忍聽。〔註17〕

　　張啓豐所言，確實是目前臺灣歌仔戲劇本編創的最大問題，當語言脫離庶民生活時，文化精髓便有了流失的危機。施如芳在編寫劇本時，或許考量到文藝美的表現，一旦劇本文詞過於華麗，恐怕會如同中國漢魏六朝華美駢文一般被人疏遠。順帶一提，桂無明得知雲英對姚虔有愛意，且兩人即將相偕離開小風樓，不由得激起滿腔怒火：

桂無明：欺人太甚！

　　　誇書香，逞清標，奇兵來侵犯。

〔註16〕我參照黃庭堅的詩文理論，認為前人詩文的化用雖能豐厚戲曲的文學性，但過於文雅則不通俗，化用前人文句不應作為普遍的編創通則，若能更易關鍵字詞或可收「點鐵成金」之效，而轉述、彰顯前人所作文句的意涵，則能促成奪胎換骨的新形貌與新內涵。黃庭堅的詩文理論可參閱〈與徐師川書〉、〈跋書柳子厚詩〉、〈答洪駒父詩〉、〈再次韻楊明叔小序〉等篇章。

〔註17〕張啓豐：《涵融與衍異：臺灣戲曲發展的觀察論述》（臺北：國立臺北藝術大學，2011年10月初版），頁327。

口如蜜，腹藏劍，奪愛配鳳鸞。

雲英是我的！

兵臨城下須立斷，當頭棒喝女嬋娟。

這段唱詞先以【十一字都馬】演唱，照理應有四句十一字的編排，末二句卻
是七字句，使得曲調必須更動，而【十一字都馬】常用在激動的對話過程中，
但此處桂無明純粹是心中想法，並無與人對話，使得演唱欠缺情緒張力，這
一唱段或可再作調整以利情緒宣洩。

三、精神旨趣與思想內涵

前文提及，編劇施如芳在構思《梨園天神桂郎君》時，已非完全參照《歌
劇魅影》的情節梗概，而從《九歌》的人、神之戀切入，形塑若即若離的美
感，企圖編創一部濃厚東方風味的歌仔戲，立意頗佳也不致有重襲窠臼的作
法，但宜避免未確切掌握〈少司命〉或整部《九歌》的旨趣與意涵。

蘇雪林認爲《九歌》原出祀神之曲，內含人神之情，各篇充滿神話異采，
想像飄遠精奇，非同民間戀曲。此說一出，影響研究者對此議題的探掘，但
大多贊同此說。〔註18〕

邱宜文則經過民俗和古籍資料的查證，認爲先民將愛情融入祀典中是基
於生殖崇拜、巫術功能和繁衍之祈求，從《九歌》祭辭的情調與辭意，以及
詩辭中的神、巫角色，推判其中有神神、人神聯姻的內容。這種情祭合一的
行爲並無褻瀆淫荒之意，「人神戀愛」意欲達成聖凡融合，也顯現先民以愛情、
親屬關係進一步掌握自然力量的企圖，但這種努力勢必不如預期，也因此在
《九歌》中也有不少哀婉淒惻之音。〔註19〕

從《梨園天神桂郎君》劇中曲詞的化用來看，明顯宗本於〈少司命〉，欲
對全劇進行深刻探悉，〈少司命〉的意旨則必須先確知，茲引魯瑞菁所言：

對於〈九歌‧二司命〉主要內容的理解，各家卻充滿著不少的歧見，

〔註18〕蘇雪林認爲這種「人神戀愛」的現象肇始於「人祭」——犧牲人命來祭祀神
祇的原始崇拜，但這種說法後來的討論爭議頗多，但可確知的是多數學者贊
同歌辭內容涉及「人神戀愛」。蘇雪林：《九歌人神戀愛問題‧序》（臺北：文
星書店，1967年）。

〔註19〕邱宜文：《巫風與九歌》（臺北：文津出版社有限公司，1996年08月初版），
頁60～72。

例如〈少司命〉一篇，朱熹就解釋成人與神之戀，而汪瑗則視爲神
與神之戀；至於對文本本句的解讀方面，《楚辭》學者更是眾聲喧嘩，
莫衷一是。〔註20〕

　　儘管對於〈少司命〉的主旨、內容眾說紛紜，但不少學者視此爲愛情神
話，指出當時人對神的態度是敬而愛之。這些歌辭並非直接扮演，而是在祭
典中藉由巫覡扮演以敘述故事，甚至有助巫降靈的用途。〔註21〕

　　《梨園天神桂郎君》能有人、神之戀的構思雖好，但對於《九歌》意涵
的掌握未臻完善，一來輕忽了《九歌》的文化特質、祭典儀式、藝術成分和
抒情性質等內涵，二來生硬堆砌詩辭語句，忽略歌仔戲語言通俗與機趣口吻
的特質，三則仍沿襲《歌劇魅影》的情節，卻少有突破的創舉與創意。種種
改編上的疑慮使得《梨園天神桂郎君》欠缺獨立的精神旨趣，簡單來說，仍
是歌仔戲慣演的三角戀情（副線部分）以及人倫親情故事（支線部分），思想
內涵也變得模糊不清，故事沒來由起承與結尾，讓難以敘說的故事乾脆不說
了，留下大片的空白以爲空靈之美，甚爲可惜。

　　此外，有關《九歌》中「香草」亦廣爲後人討論，甚至「香草美人」這
般賢臣、君子的代稱，其實都和叢生於《九歌》裡的植物有著密切關連。若
能在《梨園天神桂郎君》中有所比喻，或許能突顯出該劇的浪漫氣質。魯瑞
菁就《九歌》中出現香草的場合及作用分爲九類：

1. 飲食用物。
2. 衣飾用物。
3. 住屋用物（包括祭堂、祭壇、以及幻想中的住屋內外之擺設及種植
   等）。
4. 行具用物（包括行具上的用物、飾物）。
5. 屋者手中所持祭祀用物。
6. 靈巫採摘、編結用爲贈物。
7. 作爲沐浴之用物。
8. 作爲靈巫的代稱。

〔註20〕魯瑞菁：〈論〈九歌〉的二司命〉，收錄於《諷諫抒情與神話儀式：楚辭文心
　　　論》（臺北：里人書局，2002年09月初版），頁399。
〔註21〕彭毅：〈析論《楚辭·九歌》的特質〉，《楚辭詮微集》（臺北：臺灣學生書局，
　　　1999年06月初版），頁233～244。

9. 作爲描述、比喻之用。〔註22〕

其中〈少司命〉中的香草分別出現在少司命的服飾（「荷衣兮蕙帶」）、祭堂之擺設（「秋蘭兮麋蕪，羅聲兮堂下，綠葉兮素枝，芳菲菲襲余；秋蘭兮青青，綠葉兮紫莖」）以及少司命的代稱（「蓀何以兮愁苦；蓀獨宜兮爲民正」）。雖說施如芳在唱詞中融入了〈少司命〉的詩辭，意欲烘托人、神戀愛的情境，但生硬的堆砌文字所能發揮的效果著實有限。

我想，若整體的表演設計都能對應到〈少司命〉則會有別開生面的意象，或許可以在桂郎君服飾、居處上拈花惹草，這樣一來雲英對於心目中的梨園天神就不再只是單純的想像。我也設想過「梨園天神」與〈少司命〉切合的另一種可能：或可設計桂郎君居住在小風樓附近的一處密林，周遭設有機關並穿鑿鬼魅傳說刻意不讓外人靠近，浸沐在芳香芬華的環境下，採集草實爲食、結織莖葉爲衣、構築枝幹爲屋，宛若梨（花）園中以鮮花素果供養的自然神靈，豈不貼切？〔註23〕且還能設計桂無明引著雲英遊賞梨（花）園，人、「神」在其間歌舞、傳情的表演，一來頗有《歌劇魅影》劇中的餘韻，二來則充份展現〈少司命〉中，男神與女巫調琴／情，效果應該不差。

四、導演統籌與演員詮釋

《梨園天神桂郎君》推陳出新，較之前作的場面調度顯得收斂許多，不再有畫面花俏紛雜的情形，而強調人情的抒發，尤其支線中桂王爺盼子、養子、捨子三段的自白，由喜轉悲，情眞意摯，配合【都馬調】得以長篇敘說自己的感慨與矛盾，若獨立欣賞這些片段，會覺得敘事、抒情兼備，表現頗佳。但以一整部戲來看，仍有不如意之處，在深入追究前，得先回顧這部戲的創作能量是如何醞釀、激發出來的：

> 至於從《梨園天神》到《梨園天神桂郎君》之舉，目的在整編自覺青澀的舊作，以驗證自己的創作能量。在《桂郎君》中，唐美雲不再一人分飾書生和桂郎君兩角，這是我和她不謀而合的默契，因爲

〔註22〕魯瑞菁：〈〈九歌〉香草論——作用與源流〉，收錄於《諷諫抒情與神話儀式：楚辭文心論》（前引書），頁267～275。

〔註23〕烏俊才或是桂無明都是面貌醜惡之人，在劇中也未曾提到他如何取得食物、衣服等生活必需品（音樂劇中的艾瑞克亦是如此），非劇情重要之處因此略而不談，但《歌劇魅影》原著小說則提及艾瑞克會換上一副特製的面具上街購物。我重新構想「梨園天神」的神性與人性，遂提供這樣的概念作爲分享。

> 現在的我們，已不再需要「炫技」，我們感興趣的是人物的靈魂，唐
> 美雲也的確以「桂郎君」這個角色，再一次證明她不只是明星，更
> 是能刻劃戲劇內涵的好演員。此外，我認為應該像「聊齋」那般迷
> 離、奇幻的《桂郎君》所需求的戲劇氛圍，並非傳統配器之所長，
> 不妨直接從音樂上新人耳目，因此，唐美雲邀請到現代作曲家鍾耀
> 光來參與，我也為此寫出好幾段長篇且不拘七字的曲詞，希望歌仔
> 戲除了習以為常的短歌，能有意境較綿延深長的新曲牌。〔註24〕

施如芳的創作理念著重在「人物靈魂」的形塑，也因此在《歌劇魅影》情節
外，特別虛構了桂無明出生、重遊小風樓的故事，想藉此敘述他的遭遇與辛
酸。但這樣的鋪排是否真有其必要？施如芳的編創野心頗大，但在一個劇本
中經營三線的故事既非易事，且孰輕孰重不易駕馭。

　　施如芳企圖在《梨園天神桂郎君》中編創一個中國風十足的故事，刻意
化用中國詩辭為歌詞，也設想營造《聊齋》般的迷離、奇幻氣氛。〔註25〕欲
達到這樣的效果，透過外在的劇場技術融入當屬最簡便的方法，其中又以舞
臺、服裝和音樂設計最為顯見，可惜在製作的過程中只考慮到音樂，而忽略
了其他元素的作用，但令我懷疑的是：傳統配器真的不能營造這種戲劇氛圍
嗎？縱使邀請了鍾耀光來譜曲編樂，音樂和歌唱有搭調嗎？雖然施如芳得以
將她擅長的長短句發揮得淋漓盡致，但究竟是歌詞配合音樂還是音樂遷就歌
詞呢？未能釐清兩者的主客關係，冒然採用西洋管弦器樂，不但未收中西合
璧之效，反造成歌詞敘事、音樂抒情各唱／奏各調。

　　此外，施如芳希望能就此構築「意境綿延深長的新曲牌」，雖非不可但需
歷經時間考驗，且歌仔戲需要新編的「曲牌」還是「曲調」？用詞恐有訛誤。
回顧歌仔戲由來採用的曲調已多，近幾年各劇團演出也都有新編曲調，但這
些曲調未曾被廣泛運用，如果一個曲調是為一部戲所編寫的（如《添燈記》
之【添燈調】、《榮華富貴》之【榮華富貴】），那我們又怎能期盼往後建立的
曲調能傳唱久遠。

　　這部戲確有實驗的意義，但在傳統與創新份際的拿捏尚須斟酌，音樂設

〔註24〕施如芳：〈孤獨而自由：我的歌仔戲編劇之路〉，《傳藝》（第 64 期，2006 年
　　　　06 月），頁 33。
〔註25〕劇中主線以夥計講古來增添道聽塗說的迷離氣氛也未必有很好的效果，反倒
　　　　使我覺得夥計的「小風樓傳奇」並未開口講述，故事便不明就裡地發展鋪陳。

計感強烈，但鑼鼓點隨之消失，既然戲曲的程式被移除或削弱，為何演員還不自覺地重現配合鑼鼓點的身段動作？〔註26〕

　　當然，整齣戲從敘事策略和表演手法都有新意，也欲嘗試跨界合作，綜合各類藝術於一方舞臺，這樣的實驗精神是被允許也值得鼓勵的，但實驗之前是否有大膽假設、小心求證呢？導演肩負統籌全劇大任，但編劇、演員及各項設計與技術操作仍各自為政，使得這部戲有著表演上的落差，這絕非是不可預期、不可抗拒之因素，若能循序漸進，而不急著移除程式、調整敘事手法或許會好些。

　　「實驗」應是每個劇團所需具備的精神，尤其對於唐美雲歌仔戲團來說，近年來不斷求新求變，並透過跨界合作的方式，試圖吸引更多人進劇場看戲，立意雖好但作法惹議。跨界合作手法之一是邀演合作，但這樣的安排對於全劇是否有加分效果呢？並非蔡振南、萬芳表現不好，而是合作總該有個目的、理由，如果受限於某些技藝是歌仔戲演員做不到的，邀請專才來參與演出當然有助於戲劇效果的呈現。此外，這種跨界合作的嘗試，是否也壓縮了歌仔戲後起之秀的展演空間與機會？跨界合作的嘗試是可行的，但應徹底考量對整部戲有什麼加分效果再來施行，才能以實際的展演成果說服觀眾。「實驗」不能無限上綱、恣意行動，而須徹底考量對於集體詮釋的劇作有何助益方可履踐。

〔註26〕　參閱林鶴宜：〈消失的主軸——我看《桂郎君》〉，《臺灣戲專學刊》（2006 年 07 月），頁 125～127。

第五章　從《歌劇魅影》到《梨園天神桂郎君》之改編符號新詮

　　第三章揭示了鏡子、面具等多項《歌劇魅影》賴以判讀的魅影符號，這些符號在跨文化改編過程中也被援用，再現於《梨園天神》與《梨園天神桂郎君》劇中，但作用有所變異。在此必須先回溯《歌劇魅影》小說中的鏡子和面具對於艾瑞克的意義，才能辨析爲何這兩個符號皆被傳襲保留下來。

　　鏡子能照映人的形貌，偏偏不存在於艾瑞克的生活起居之中（小說版），他不敢正視自己的惡顏，卻又透過種種幻鏡／境手法來眩惑人心（例如帶克莉絲汀穿透鏡子、設計韓晤在「極刑室」中受刑），這種迷眩的視覺印象其實也反映在所有人對於「魅影」的印象中。

　　艾瑞克不敢正視鏡子中的自己，而用面具遮掩了自己的惡顏，戴上面具則讓他放大膽量扮演劇院之鬼，恣意控制歌劇院中的人、事、物，甚至在克莉絲汀到來之後，連神也敢僞裝了。由此可知，面具的覆蓋與揭開，影響了鬼、神地位的確立與人格辨識、認同，一旦艾瑞克的面貌被揭曉，就如同逼迫他直盯鏡中的那張臉，接受所有的努力都會是幻影的事實。這兩項符號有此深刻涵義，自然也就被保留在跨文化改編的文本中。

　　但符號不盡然只是起了象徵的作用，同時它們會反映出「人」的特質與行爲。鏡子照出了人的形廓，也照出肉眼無法看見的虛有性格與內涵；面具掩蔽了外人的眼光，卻遮蓋不住壓力與情緒。艾瑞克的人格特質便可透過這兩項符號得知端倪。

　　前一章節析論《梨園天神》和《梨園天神桂郎君》跨文化改編後的面貌與

內涵，已從情節結構的編排、唱段詞曲的編擬、精神旨趣與思想內涵、導演統籌與演員詮釋四方面來評析這兩部劇作的得失，而未對於人物細究，主要原因在於人物的改編與詮釋，應顧及原著小說的原型，後來的改編文本有掌握到這複雜的人格特質來改編嗎？演員能充分詮釋這樣的人格特質嗎？倘若編劇和演員不能詳加考察人物的性格、形象與特色，又怎能揣摩出維肖的人物形神。

因此，本章將一併探討鏡子所衍生的鏡像、面具所承載的扮演效果，以探討「魅影」的人物形象，並參佐心理學方法，評估其人格疾患的徵象，深入探究艾瑞克扭曲的靈魂，提出戲曲改編在人物詮釋上的可行策略。

第一節　符號的隱喻：鬼魅的鏡像映照人格

人類透過語言、圖像與首飾等不同系統的符號形式，來傳遞訊息或是溝通交流，看似習以爲常的互動，其實充滿了符號，並藉此表述人類內心的心理活動與精神世界。在人們的內心世界裡，有些感受是不願意直接表述出來的，於是通過象徵意象來表達自身心理與精神上更深層次的反應。象徵意象更被廣泛地運用，並衍生成爲文化傳統，直至今日仍頻繁地出現在文藝作品之中。〔註1〕

榮格認爲象徵的意象有別於人們日常生活中有意識地創造出來的符號，並對於「象徵」下了定義：「術語、專有名稱或是日常生活中常見的圖像，他們除了常規的明確涵義外，還有一定的內涵，甚至包括一些我們尚不得而知的內在隱喻。」當人們給一些象徵符號冠以一定的結構、圖形與涵義，就形成了放諸四海皆準的世界語言，這種世界語言跨越了時代與不同文化差異的鴻溝，是人類內在需求的自然表達方式。〔註2〕

《歌劇魅影》中的鏡子與面具本身也具有符號的意義，我試從心理學與精神分析等觀點加以探析，一窺卡斯頓‧勒胡隱藏於小說中的秘密。

一、鏡像的概念與反映

《歌劇魅影》原著小說中有關鏡子的描述，分別出現於艾瑞克在鏡中世

〔註1〕 David Fontana 著；何盼盼譯：《象徵的名詞：進入象徵意義的視覺之鑰》（臺北：米納貝爾出版公司，2003 年 07 月初版），頁 1～2。
〔註2〕 David Fontana 著；何盼盼譯：《象徵的名詞：進入象徵意義的視覺之鑰》（前引書），頁 3。

界傳唱天籟誘引克莉絲汀觸碰機關穿透鏡子，以及波斯人、韓晤追緝艾瑞克誤入極刑室兩件事。二者皆與鏡子所產生的幻象有關，都反映了人心被幻覺干擾而自迷的情況，也意謂明知道眼前所見是幻象，卻仍盲目地追逐、索求，而陷於無法自拔的窘境。由於後者皆未出現在後來的改編文本中，姑且不論。

（一）穿越虛幻與現實

這種幻覺的影響尤其在克莉絲汀身上特別明顯，克莉絲汀自幼相信音樂天使的存在，也相信父親的靈魂到了天堂，會為她請來音樂天使守護她，自幼對此深信不疑的克莉絲汀早已習慣身處於浪漫的幻覺中（包含對韓晤的感情，一開始也顯得虛幻），對於音樂的追求使她穿透鏡子，進入幻象之內，走進艾瑞克的心中，艾瑞克對於克莉絲汀的關係也自此從師徒轉變成師生戀侶，但鏡像畢竟是虛幻不實的，克莉絲汀揭除了艾瑞克的面具，無疑是破除對於音樂天使的美好想像，並且釋放了艾瑞克壓抑沉潛的性衝動與攻擊本能（此點容後再述），克莉絲汀的舉止彷彿是在鏡內打破了鏡子，將自己徹底留置在鏡像之中，無法再回到現實社會裡，也意謂她知道了一些秘密，而這秘密既已浮現在舞臺上，她就無法再將它藏住，艾瑞克的形影遂成為她這輩子揮之不去的陰影。

原著小說中，艾瑞克在鏡中傳唱天籟誘引克莉絲汀觸碰機關穿透鏡子，在音樂劇和電影版本中再現這樣的場景，但兩者都出現了不太合理的「符號」。原著小說中，克莉絲汀在艾瑞克的地宮裡找不到一面鏡子，其實也透露了艾瑞克對於「鏡像」的厭惡，且地宮長年陰暗，他生得一副醜陋的面容，寧可戴面具也不以真貌示人，這樣的人又怎會想要面對鏡中的自我。

但在音樂劇和電影中，艾瑞克居住的地宮則出現了這項物品，則有錯置符號意義和衍生象徵意義的兩種可能。前者是音樂劇版本的缺失（但音樂劇每一回演出的狀況不盡相同，不能完全這樣認定），後者則是電影版本刻意的安排。電影最後的結局是，艾瑞克打破了三面鏡子，並從最後一面鏡子逃離歌劇院，這樣的行動其實意指他由虛幻的鏡像投入現實的社會之中，從虛無的鬼神回歸到人的身份繼續生活。

（二）從「鏡像階段」進入心理動力

人類憑藉符號的運作，進行文化的生產與更新，符號在反覆重建與解構的過程擴充了它的意涵。法國精神分析學家拉岡（Jacques Lacan，1901～1981）

結合精神分析、語言學等理論，提出「鏡像階段」（the mirror stage）的論點。
〔註3〕

拉岡認為「鏡像」是塑造自我的第一階段，嬰兒看到鏡子裡的母子，辨析出嬰兒與母親並非一體而是分離的時刻，產生「自我」的概念。〔註4〕鏡子在拉岡的理論中是種隱喻，可以指涉母親、他人；鏡像理論是一種認同作用，主體透過鏡像來認識自己（藉由「他者」而認識到自己的存在），發展出自我與他人想像的二元關係。〔註5〕

隨嬰兒的神經系統發育成熟，出生六個月後漸有視覺，嬰兒將自己想像為一個連續的和自我控制的整體。鏡像階段發生在六至十八個月大的嬰兒身上，經歷了三個歷程後，〔註6〕對於鏡像產生了自戀的認同，初次掌握了完整的身體感覺，初步確認了自己身體的同一性與整體性，即是鏡像階段中嬰兒對自我的辨認。〔註7〕

雖然鏡像過程幫助嬰兒發現「自我」，但拉岡強調經由鏡中認識的自我，是非真實的鏡中幻象，個體在鏡前所反映出來的是虛無但確實存在的性格與內涵。

（三）照鏡現形：人物的迷失與覺醒

承前所述，鏡子是一種極度複雜的象徵，具有多重意義，可以表示真理、清澈及自我審視。艾瑞克知道自己的醜陋，卻被負向的情緒、心理所左右，掩蔽了他的善良與純真。克莉絲汀明明知道鏡中人不是她，卻仍像追尋海市

〔註3〕 鏡像階段（論）是拉岡理論體系的核心內容，亦是整體理論的基礎與關鍵，以心理學和精神分析學為立論根據。「鏡像」所反映出來的未必是一個完美統一的自我，反倒映襯出自我的另一面：缺失（absence）及匱乏（loss）的前鏡像狀態，並可能激起焦慮與仇恨的負面體驗。

〔註4〕 關於鏡像階段的概念襲自瓦龍（H. Wallon），其自我功能則繼承自佛洛伊德的觀點。

〔註5〕 王國芳、郭本禹：《拉岡》（臺北：生智文化事業有限公司，2010年01月初版），頁129～138。

〔註6〕 首先在母親（或他人）的抱持下，看到了鏡中自己的影像，卻把它視為一個現實的事物，尚未能區分鏡像、自己本身的差別（自我與他人混淆）。稍後，嬰兒發現鏡像僅是他人的影像，並能區分自己與母親的差別，自此之後便不再把自己與母親視為一個整體（區辨自己與他人的鏡像，但不認識自己）。最後，嬰兒發現自己的一舉一動透過鏡子做出同樣的反應，發展出想像的能動性和完整感。

〔註7〕 王國芳、郭本禹：《拉岡》（前引書），頁139～141。

蜃樓般踏出步伐前進，找尋音樂天使，由此看來更顯得人類對於虛幻景象的
茫昧與渴求。

但不可否認的是，卡斯頓‧勒胡在小說中，極力營造鏡子所反射出來的
虛像及其功用，鏡子所反映出來的虛像與真實物件正好左右相反，當人果敢
堅決地面對鏡子後，反而映照出躊躇儒弱的一面，當人面對虛幻時往往顯得
無能為力、束手無策，而認清真實往往帶來更大的陰霾與恐懼，唯有調整自
己的心態，取得二者的平衡才能真正當局者清。

原著小說中提及，克莉絲汀在地宮裡找不到一面鏡子，其實意謂艾瑞克
對於鏡子的恐懼，不欲見到鏡子反映出的自己，換句話說，艾瑞克所見識到
的鏡像集中在醜陋的外在形貌，於是他所認識到的自己，其實是他人眼中的
恐懼、害怕與驚嚇，卻不認識自己的美好，只見其惡、不見其善。

在拉岡的精神分析學中，「自我」應當理解為一種「鏡中的我」，一種他
人眼中的「我」，或是我們所願意讓別人見到的一種「我」。〔註8〕人類透過彼
此照鏡的人際互動，形成自我形象，並內化、建構個人的價值觀。回顧艾瑞
克一生的遭遇，他又遇到幾個（好）人呢？可憐的艾瑞克自出生以後，父親
不想看見他，母親哭著送他第一個禮物——面具，自此失去父母的疼愛，甚
至連「艾瑞克」這個名字都是偶然得來的。〔註9〕艾瑞克失去親情的童年經驗，
無法獲得愛的歸屬，而他流寓各國時也無法獲得良好的生活處遇，尤其當他
遇到了暴戾的蘇丹小王妃，無疑讓他的個性更加扭曲變質。〔註10〕

經年累月的鏡像反映，艾瑞克對於自己的認識只剩下來自他人的負面印
象，諷刺的是，他把自己關在鏡子裡（好比他生活在克莉絲汀化妝室鏡子背後
的陰暗世界），冷看照鏡子的人，默默地接納這些人的負面意象而無法超然解脫。

二、流轉鏡像內外的人物性格

前文提示了鏡像的約略概念，而它照映出《歌劇魅影》改編文本中各種
鬼魅的人格，其人格對於人物形象的影響正是我所要探討的。以下就各改編

〔註8〕　王國芳、郭本禹：《拉岡》（前引書），頁143。
〔註9〕　卡斯頓‧勒胡著；楊玟譯：《歌劇魅影》（前引書），頁160～166。
〔註10〕　艾瑞克在波斯皇宮佈置機關的那段日子裡，將蘇丹小王妃逗得樂不可支，並且
　　　　示範用邦加繩套絞人取命的手法，贏得小王妃的喝采。小王妃後來也學會這繩
　　　　法，以此殺人。見卡斯頓‧勒胡著；楊玟譯：《歌劇魅影》（臺北：遠流出版事
　　　　業股份有限公司，2009年06月三版），頁264。

文本分別論述「假鬼」如何通過鏡像呈現「自我」。

（一）注視鏡中的容顏——《歌劇魅影》

在《歌劇魅影》的音樂劇和電影中，克莉絲汀被鏡後傳聲的艾瑞克所迷眩，恍惚之間穿透鏡子，克莉絲汀與艾瑞克唱和：

英文歌詞	華文譯詞
Christine:	克莉絲汀：
Angel! I hear you speak- I listen	天使！我聽到你的話語
Stay by my side, guide me	在我的身邊指引我
Angel, my soul was weak	天使，我的靈魂是如此的脆弱
Forgive me, enter at last, master	天使，請原諒我進入了你的世界
Phantom:	魅影：
Flattering child, you shall know me	讚美歌頌的孩童，你是該知道
See why in shadow I hide	為何我躲在黑暗裡
Look at your face in the mirror	注視鏡中妳的容顏
I am there inside	我就在藏身那裡面
Christine:	克莉絲汀：
Angel of music guide and guardian	音樂天使引導我也守護我
Grant to me your glory	並把你的榮耀賜予我
Angel of music hide no longer	音樂天使切莫再躲藏
Come to me, strange angel	奇幻的天使請來到我的身邊吧

這一段唯美的歌詞裡，克莉絲汀表明了她的好奇與渴望，冀求音樂天使的指導與守護，而艾瑞克在與克莉絲汀長期接觸後，也起了見她一面的念頭，但礙於自己的身份與秘密，而小心翼翼地將她誘入鏡中。這一段明確地用鏡子來表示克莉絲汀窺見鏡像裡艾瑞克的人格，換言之，克莉絲汀「穿透」鏡子即是一種「窺視」的作用，也因此她親身體會了艾瑞克的性格，這一段表演的設計十分精彩，也頗能呼應原著小說的意涵。只是克莉絲汀迫切的心意被驚懼擊潰，鏡像也反映了她脆弱而純真的愚昧。

（二）鏡裡容顏何曾識——《梨園天神桂郎君》

前一段落所述，在《梨園天神》也有類似的情節，但變動頗大，烏俊才並不會在黑暗中偷偷傳聲，反倒很乾脆地現身在徐芙蓉的房間，仿若私會的戀人在秘密約會，陌生「人」可隨意進入女子房間這是令人質疑的，更何況女子還和「牠」兄妹相稱，這在人物關係設定上有顯著的問題。

那麼，徐芙蓉是如何窺探烏俊才的人格呢？很可惜的是，在劇中幾乎沒有這樣的情節，當徐芙蓉接下他的面具後，劇情草率地跳到「面具酒宴」，徐芙蓉對於烏俊才簡直一無所知，但最後聽了烏俊才的眞情告白，卻又自言甘願委身於他。就整體來看，我們對於烏俊才的所知實在是太少了，也因此烏俊才的人物形象並不鮮明立體，僅能知道他是一個面容醜陋卻又恃才傲物的社會邊緣人罷了。

但《梨園天神桂郎君》則稍有領略到「鏡子」這符號的關係。或許因為物質文化的不同，在雲英的房間裡只擺放一面小銅鏡，任憑桂無明再怎麼神通廣大也不可能從那麼小的鏡子鑽出來，當然，雲英也是穿透不了它的，所以在這兩部作品中，「天神」都會親自卜凡而且勇闖單身女子的閨房，這樣的設定無非不可，只是仍須另外製造契機讓女伶窺探天神的秘密，才能突顯這種期待落空而備受傷害的創傷恐懼。

《梨園天神桂郎君》一改前例，而以人、神相戀的模式發展劇情，最關鍵的變異、轉折是：雲英注視銅鏡裡的動靜，桂無明怯怯地摘下面具的舉動，這種轉換非常巧妙地讓雲英看到鏡像裡的桂無明，窺探他的人格，也讓之後的劇情合理的承接，倘若能在劇中多一點鏡像的暗示、隱喻，更能突顯桂無明的人物形象。

第二節　花間代面下的鬼影神威

「面具」作為《歌劇魅影》最重要的象徵符號，透過它能揣摩一個不為人知的幽靈外貌，自然不會被劇作家所忽略。無論是《梨園天神》中的烏俊才或是《梨園天神桂郎君》中的桂無明，這兩人都是戴面具、隱身於小風樓周遭的「鬼魅」，讓劇中徐芙蓉／雲英、白家卿／姚虔等人一時無法釐清其眞實身份，一副「面具」分隔了眞實與虛假的兩個世界。

一、花間代面裡、外的眞實與虛僞

《歌劇魅影》人物形象的設定，以魅影戴面具活躍於舞臺上最引人注意，任何人物期盼能在劇中一睹他的眞實面貌。面具裡的人物是個活生生的「人」，但爲了隔絕社會眼光的歧見，在面具裡潛抑了人所應有的正常習性，使得《梨園天神》二劇中，烏俊才、桂郎君類近晝伏夜出的鬼魂，只能遊蕩在夜闌人靜的小風樓，又迫於大環境的威脅，住進不見天日且深邃陰涼的地洞（地宮）。以上種種，無疑是扭曲人格、規避現實的社會迫害，造成像烏俊才和桂郎君這兩個人不像人、鬼不像鬼的悲情腳色，戴面具矇蔽自己的樣貌，才能與人接觸。

值得注意的是，二劇中的鬼神戴面具，通過裝扮而顯露出非人、非自我的樣態，以裝扮鬼神聊以自慰，其間「面具」在劇中則有非凡的意義。羅伯特·藍迪（Robert J. Landy）所著《戲劇治療：概念、理論與實務》（*Drama Therapy: Concepts, Theories And Practices*）提到劇場中運用面具的功能：

> Susan Smith（1984）在她的著作《現代戲劇中的面具》（*The Masks in Modern Drama*）中，記述了劇場中運用面具的四項功能：表現諷刺性的與怪異可笑的人，做爲愚蠢與獸性的表徵；英雄人物的具體表現，做爲人類神性般特質的表徵；表現夢境，做爲人類心理上片段式投射的表徵；以及社會角色的具體表現，做爲日常生活角色扮演的表徵。〔註11〕

在《梨園天神》及《梨園天神桂郎君》中，面具作爲一層與世隔閡的障蔽。面具裡，是眞實的面容、個性，是生得一副鬼臉而無法接受嘲諷、刺激的烏俊才／桂郎君；面具外，是虛僞的面容、特質，是故佈疑陣而恣意妄爲的鬼魅與天神，透過裝扮展現了人類神性、鬼性的特質，經由角色扮演的投射，形塑烏俊才／桂郎君的神格與鬼格，殊不知面具的揭落掀起了全劇高潮，也混淆了人、鬼、神的性格與特質，致使烏俊才與桂無明面臨性格與命運的衝突與轉變，「面具」此一符號在他們身上其實起了「壓抑」的作用，一旦卸除「壓抑」，扭曲的靈魂得以出竅作亂，使得烏俊才、桂無明製造出因愛成毀的禍事。

「面具」成爲了艾瑞克、烏俊才和桂無明裝神弄鬼的媒介，明明是肉體

〔註11〕 羅伯特·藍迪（Robert J. Landy）；王秋絨、吳芝儀校閱：《戲劇治療：概念、理論與實務》（臺北：心理出版社，1998年12月），頁189～190。

凡胎的他們，卻假扮為鬼神，號稱具有呼風喚雨的能力，從暗處操控劇院／小鳳樓裡的人、事、物。仔細觀察，不免可以看出他們時而天使／天神、時而鬼魅的表現，宛如也在劇中上演了一場「戲中戲」，而且鬼、神的角色不斷錯換，甚至兼而有之。他們都投入在想像的世界裡，將自己化身於穩定且多變的世界，在那個世界扮演至高無上的神、鬼，欲創造出適合祂（和女伶）的烏托邦，在其間共譜天籟。〔註12〕

　　艾瑞克、烏俊才和桂無明透過自身對於鬼、神的理解與想像，而化身為鬼、神兩種角色類型。這兩種角色類型有其特質或屬性（Role Quality）〔註13〕，也顯得複雜與矛盾。我試將鬼、神角色特質表列如下：

表 5-1　鬼、神特質概覽

項目	鬼	神
身體	無形的存在、駭人的形象	無形的存在、親民的形象
思想	驚世駭俗	濟世救民
感情與道德	擁有無法割捨的執念或愛慾	感悟天機、超然而獨立
社會生活	不見天日、遭人厭斥	聞聲救苦且日夜不輟
精神生活	悲懷冤怨、嚮往超脫	慈悲為懷、期盼能渡化眾生

　　以上所示僅是粗淺見解的劃分，若有闕漏或不妥之處，尚祈見諒。在此，觀察二劇的角色表現，可發現「鬼」與「神」兩者的角色特質呈現對立局面，人類對於信仰的崇奉是迎神驅鬼，豈能料知「請神容易送神難」。克莉絲汀／徐芙蓉／雲英心目中的天使或天神，其實正是所有麻煩的肇端。

　　既然鬼、神是烏俊才／桂郎君喬裝的對象，他們又是如何裝神弄鬼，在情感上獲得何種程度的抒發或寄興，聊以自娛呢？這是接下來所欲探討的內容。

〔註12〕微引 Jennings 所言：「人類是具創造性且重精神性層面的，他可以將自己化身在穩定與多變的世界；委身於想像與自然的世界，一個純反應性卻又充滿喜樂的世界。她體會到創造性乃源自矛盾之處，創造者可以是不死的神祇，也可以是必死的凡人；他是純真無邪的，也是充滿獸性。」羅伯特‧藍迪等：《戲劇治療：概念、理論與實務》（前引書），頁 123。

〔註13〕角色特質通常用來描述分類系統中六種範疇的角色，並包含：身體、思想、感情與道德、社會生活、精神生活及創作的敏銳度。羅伯特‧藍迪等：《戲劇治療：概念、理論與實務》（前引書），頁 127。

二、鬼影狂歡，鬼的眾生相

　　自古以來，對於「鬼」形象的描述紛呈，尤見於野史叢談，自六朝志怪以降，鬼魂伏形於各類敘述文本中，衍生成千姿百態的魅影。鬼的存在，反映人對於未知世界的恐懼和焦慮。蒲慕州援引了法國宗教史學者史密特（Jean-Claude Schmitt）的說法：

> 所謂相信鬼魂，其實指的是人們談論並且創造有關鬼的形象，同時
> 也意味著人們想要利用那些文獻和圖像資料來達成某些實際的效
> 果，並且使別人也相信這些鬼的故事和形象。〔註14〕

鬼魅的行跡在小風樓內繪聲繪影地傳開，身處小風樓的人，無一不相信鬼的存在，但又對鬼魅的形象與事跡毫無瞭解，值得我們從劇中窺見其真面目。

　　《梨園天神》中對於鬼的形象與事跡著墨較多，如茶孃以鬼魅橫行為藉口，詐騙小風樓老闆等人，即是掌握了人習慣以理性的眼光去看待、分析事物，對於非理性可解釋的現象抱持敬畏、迷信的心態，藉此人性的缺陷加以行騙。烏俊才也因洞悉人性而對小風樓的老闆施壓。對於鬼的敬畏與排斥，在《梨園天神》劇中表露無疑。相較之下，《梨園天神桂郎君》對於鬼的著墨其實不多，唯獨劇末雲英抗拒與桂無明成婚的情節，對鬼魂有較強烈的情緒反映，但稍後也得知了桂無明實際上是一個血性的男兒，對於鬼的恐懼便不如前劇強烈而深刻。

　　《梨園天神》及《梨園天神桂郎君》這兩個改編文本，對於烏影鬼著墨的比重有很大差異。前者的身影時常穿梭舞臺之上，對於小風樓的控管極為嚴密，甚至能巧設機關，自由出入芙蓉的房間，逞盡計謀來裝神弄鬼；而「桂郎君」僅於第三場展現「神威」，讓鳳仙倒嗓失聲，驚嚇眾多書生才子，除此之外，並不像前者時時佈署鬼影幢幢的驚懼氣氛。

　　綜而言之，《梨園天神》在鬼／人的形象與性格有較深的刻劃，無論是烏俊才還是茶孃所裝扮的烏影鬼，「祂」們的所作所為都存有凡人的習性，對於世事抱持自身的執著與私慾。最為顯著的例子是小風樓老闆在抓鬼的唱段，歷數十種鬼但其實這些並不是真的鬼魅，而是十種對常人性格的比喻，諷刺常人品性不佳、好吃懶做的生活樣貌，以犀利的曲詞糾舉凡人常有的劣根性。

〔註14〕蒲慕州：《鬼魅神魔：中國通俗文化側寫》（臺北：麥田出版，2005年），頁
　　　　37。另可參閱 Jean-Claude Schmitt, Gobsts in the Middle Ages,p.8.

三、神威千重，神的眾生相

　　古今中外，對於「神」的形象其實不甚具有神的性格，反倒是人的性格較為強烈。舉凡希臘、羅馬或中國神話中的眾神，皆有明顯的凡人性格，有喜、怒、哀、樂、愛、惡、欲，神明的存在形式幾乎奠基在民眾自身的生活經驗上，透過世俗知識的認知，呈現出神的神聖性與世俗性。〔註15〕

　　按許慎《說文解字》道：「天神，引出萬物者」意指天神為造物的主宰；而凡人崇敬自然萬象，肯定並賦予天神至高無上的權力。〔註16〕鍾華操析論華夏文化對於「神」分別有才智技能的超越者、事理微妙難窮者、德之大者及靈魂中的魂四種概念。〔註17〕烏俊才與桂無明皆自詡為「梨園天神」，視己為「至上神」（the highest God），扮演且發揮了啟示、統治、創造與審判的角色與功能，〔註18〕成為人人敬奉的對象，尤其在烏俊才身上更能明顯地感受到前述功能的施展效應。

　　烏俊才實際上只是凡人軀殼，妄想取得法力無邊的神權，設置層疊機關威嚇小風樓的凡夫俗子，藉以顯示烏俊才的千重神威。可悲的是，只有遭遇淒涼的徐芙蓉願意相信他是自上天降臨的天神，在落魄的時候給她一線曙光，師事於「天神」，倚天籟之聲高踞小風樓頭牌。雖然烏俊才因此堅信自己「天神」的身份，但可悲的是，他所有的行為舉止都被他視為凡夫俗子的這些人認定成鬼魅所為，天神與鬼魅雖都具有無邊的法力，而在地位上有極大的落差。在劇中可看到徐芙蓉這一凡人對天神的崇敬與信仰，但也看到更多凡人對於鬼魅的厭斥與忿恨，令人不勝唏噓。

　　蒲慕州指出：「在許多文化中，人的確是常常以自己的形象造神。不過人所能想像出的神明形象其實是相當複雜的」。〔註19〕就蒲慕州的論點而言，無

〔註15〕劉清虔：〈臺灣民間信仰的「神明論」〉，載於《神・人・生死》（臺南：人光出版社，2003年），頁28。

〔註16〕相較於西方「君權神授」的思想，東方則是「神權君授」，自宋代以後，神靈經由皇帝的冊封而升格為神。

〔註17〕參閱劉清虔：〈臺灣民間信仰的「神明」論〉，載於《神・人・生死》（前引書），頁26；鍾華操：《臺灣地區神明的由來》（臺中：臺灣省文獻委員會，1988年），頁1。

〔註18〕劉清虔：〈臺灣民間信仰的「神明」論〉，《神・人・生死》（前引書），頁23～25。

〔註19〕蒲慕州：〈中國古代鬼論述的形成〉，《鬼魅神魔：中國通俗文化側寫》（前引書），頁19。

論是《梨園天神》或《梨園天神桂郎君》對於「神」形象的刻劃與揣摩並不
顯著，烏俊才和桂無明充其量只能說是神權的崇拜者、效仿者，實際上並無
具備神力，僅一再宣揚神威，透過重重機關、製造神力的假象，尤以《梨園
天神》最為明顯，茲舉烏俊才恫赫小風樓老闆等人為例，烏俊才高踞石臺唱
道：

> 神出鬼沒設機關，我嚇走老闆抓牡丹。
> 我呼風喚雨好氣概，我梨園天神巧安排。
> 梨園大戲臺，園內小世界，天地一幽靈，神力震四海。

在唱這支曲子的同時，地宮的岩石崩塌，烏俊才如有分身般接連出沒在
舞臺上多處，彰顯其神威顯赫，嚇得老闆與夥計一行人紛紛逃竄。即使小風
樓老闆等人揭穿他的真實身份時，他仍自認為是能夠呼風喚雨的「梨園天
神」，陷入了角色扮演的樂趣，受到「神權」的奴役與驅使，人格而有了顯著
的扭曲。

四、鬼語神話，難訴衷情的人間離騷

在《梨園天神》中，烏俊才「鬼神」的性格較為明顯，他既以烏影鬼之
姿在小風樓內來去自如，佈下層疊機關，嚴密掌控了小風樓的表演與營運，
令人既敬畏又忿恨；又喬裝成神，詐取「神權」以便接近徐芙蓉，甚至掌控
小風樓的一切。但這樣一位天神要求的其實不多，烏俊才擄獲芙蓉，發自內
心的獨白說明了一切：

> 烏俊才：為什麼世間的凡夫俗子，能擁有美女，而我呢？我是一個
> 　　　　琴棋詩畫樣樣精通的才子，我卻是注定要孤枕獨眠，難道
> 　　　　我的要求很多嗎？不，我只希望能夠住在這間日頭照得到
> 　　　　的草屋，有一個為我洗衣補縫的妻子。
> 　　　　日日江水向東流，夜夜月娘照咱家。
> 　　　　妻來唱曲我伴奏，兩人恩愛到年老。
> 　　　　但是為什麼我連這麼簡單的期望得不到，我只有藉著寫
> 　　　　詩，一筆一句來寄託我的情意。

世間何物爲至寶，權勢高，金銀好，聚散容易，時去如潮落，

天涯海角有盡頭，不如花間蝶，春意多。

徐芙蓉：此曲只應天上有，曠世俊才誰爲儔。

蒼天若破女媧補，荒地無情誰來修。

看伊情狂意切對待阮，我怎能看伊再沉淪。

解消大哥的怨恨，以身相許報深恩。

　　進不能相合，退不能相望，全劇最後收煞在烏俊才自盡、成全徐芙蓉與白家卿一段姻緣。惟有鬼、神、人三位一體的烏俊才消失，才能結束這一場看似荒唐的戲中戲，烏俊才終究無法被世人接納，更遑論住在「日頭照得到的草屋」，所有的美妙幻想終歸一場夢，傳說中的人間天籟也隨烏俊才自石臺縱身一躍而遺落，猶似汨羅江底的一縷詩魂，唱誦無聲的哀歌，對人世間發出無言的抗議。

　　而在《梨園天神桂郎君》一劇，桂郎君「鬼神」的性格與特質則變得相當薄弱，反倒擁有明顯的人性，其神性的建構來自於雲英對他的想像。雲英初入小風樓時，桂郎君假托是她父親的懇求，前來提點雲英，雲英對此深信不疑，有意目睹桂郎君的風采：

雲　英：郎君，郎君，雲英求見郎君。

忽然眼前，忽然天邊，來無言語，去無相辭。

伊可是攬轡載雲旗？郎君，郎君……若是眠夢我亦不願醒。

郎君，郎君您在哪裡？您在哪裡？

桂無明：若要郎君顯聖，還須候天機。雲英聽著！

曲路奧妙無字亦無譜，除非天工，縱然千錘百鍊藝猶疏，

若無靈犀神仙難得度，梨園聖地，豈容濫竽來充數。

雲英，看在妳阿爹的份上，我就與妳傳心，爲妳開破一點訣。

　　全劇對於桂無明的形容增添一絲神人相戀的浪漫色彩，尤其當桂無明試探雲英對他的想像時，更用了〈少司命〉的言辭鋪綴成歌。由此略知雲英對於桂無明的「天神」想像建立在〈少司命〉上，幻想桂無明的浪漫情懷、綺麗樂音，乃至於攬轡載雲旗的翩翩風度，這層想像塑造了桂無明似人若神的

模糊形象。劇末，桂無明大段的敘白，表明自己身世的畸零以及對雲英的愛慕之情，他甘心成全雲英與姚虔，而將自己放逐天涯，飛鴻踏雪泥。

自我放逐的傷痛有幾人能忍受？王德威指出，「鬼魅流竄於人間，提醒我們歷史的裂變創傷，總是未有盡時。跨越肉身及時空的界限，消逝的記憶及被毀的人間關係去而復返，正如鬼魅的幽幽歸來。」〔註20〕我們即能透過對鬼（烏俊才、桂無明）的觀照，從而喚起對他個人或集體的歷史記憶。

烏俊才選擇以死來成全徐芙蓉與白家卿，將愛情的渴望與對社會的怨恨，隨自己身體的消亡而遣散，用休止符終結一生。桂郎君選擇別離雲英及姚虔，將自己放逐在無垠的天地間，追尋摯愛，當他重回麗水城與杏兒相遇，找到回家的路，同時也找到了自己的人生價值，時行新翻，譜寫下一篇樂章。

五、面具壓抑的解放

在《歌劇魅影》中，克莉絲汀第一次進入如迷宮般的地下王國，穿過通往地宮的密道，乘小船抵達地宮。上了「發聲練習」和「音樂美學」的課程，克莉絲汀沉浸在比夢境更怪異的世界，一晌過後，她假意撫觸魅影的臉龐卻冷不防揭起他的面具，克莉絲汀目睹了魅影的真面目，也首次感受到一個惱羞成怒的鬼魅如此讓人畏懼，在面具底下的壓抑與節制全然失控。克莉絲汀揭起魅影的面具是全劇重要的轉折，但《梨園天神》和《梨園天神桂郎君》對於揭起面具／揭穿真相卻有相異的手法，不同的訴求。

（一）忽揭瘡疤驚人夢，滿腔怒意聲昂咄

徐芙蓉尚未知曉烏俊才真實身分時，錯將烏俊才誤認為幫助她的「神」。烏俊才對徐芙蓉的愛是大膽而進取的，當徐芙蓉一心認為神人相戀是個禁忌時，烏俊才還特別舉出神人相戀的例子，來表達他對徐芙蓉的愛意，同時也藉此理由予以威脅，唯有兩人結為夫妻方能弭平災禍：

> 烏俊才：董永賣身安葬父，仙女下凡來相扶。
>
> 　　　　兩人結髮成夫婦，傳為千古的詩詞。
>
> 　　　　妳父母的遭遇是真悲哀，上蒼派我來助妳度過陰霾。
>
> 　　　　這正是古例的再一次，咱就結為夫妻才能消災。

〔註20〕 參閱王德威：〈魂兮歸來〉，《歷史與怪獸》（臺北：麥田出版社，2004），頁230。

這樣的說法打動了徐芙蓉，同時，徐芙蓉也爲了追求更高深的曲藝，而願意成就一段神與人的梨園佳話。較爲特殊的是，當徐芙蓉猶豫是否與烏俊才結爲夫妻時，烏俊才竟然以「了卻一身飄盪在凡間的身軀」威嚇她，令她爲此垂淚不已；既身爲神，還能「自盡」？還會「流淚」？無怪乎徐芙蓉對他更感到疑惑與不捨，輕步上前，趁「衪」黯然神傷之時揭開面具，如同潘朵拉打開懸疑的盒子、釋放出人間的禍害——來自鬼魅憤世的嗔怒。烏俊才因爲面具下的醜態被揭發而怒視徐芙蓉，徐芙蓉發現烏俊才並非「天神」，而是近日人人緝拿的「烏影鬼」，心中崇高的天神形象幾近破滅，便揚聲怒罵：

> 徐芙蓉：魔鬼啊魔鬼！
> 　　　　原來你是魔鬼與我來相隨，戴面具假慈悲害我夢打碎。
> 　　　　用心機設計智狠心採花蕊，懇求你快離開莫害我安危。
> 烏俊才：小鳳樓我設下層層的機關，若想要來脫逃猶如登天難。
> 　　　　你注定要伴我心莫怨嘆，咱兩人來成就一段梨園奇戀。

　　徐芙蓉識破烏俊才的眞面目，烏俊才也坦承他打算與徐芙蓉廝守終生的想法。掀開面具，致使徐芙蓉也完全失去理智，將烏俊才從原本崇敬的天神摔落到惡煞厲鬼的地位，促使烏俊才出言威嚇徐芙蓉，更欲嚴加掌控她的行蹤。

　　面具被揭開，猶如所有的缺陷、弱點全然曝露在世間，尤其是不欲人知的秘密，當被揭發時也顧不上自慚、自卑，反倒化爲悲憤凶狠的力量，譴責、數落這種冒犯自尊的行徑，無怪乎烏俊才如此憤怒。特別是徐芙蓉親眼目睹他的樣貌，就一概否認了他的才情、天份與自尊，使得兩人的美夢破碎，決裂彼此的信賴關係而難以弭平，使得烏俊才陷入非神、非鬼、非人的殘缺性格。

（二）掩人耳目難久遠，以誠相待過情關

　　《梨園天神桂郎君》中，桂無明是個沉得住氣且渴望與雲英結褵的「天神」，藉傳授雲英歌藝的時候，詢問她對於心目中的「天神」作何想像。

　　雲英將「桂郎君」聯想成〈九歌‧少司命〉中的神祇。〈九歌〉共十一篇，用來祭祀鬼神，〈少司命〉是其中的一篇，其主宰子嗣。〈少司命〉當中是神與巫女的對話，在宇宙中通靈而感發，正如同桂無明與雲英浸沐在音樂之中，通過歌詞傳達情意，以音符扣人心弦，桂無明在雲英心目中的神格形象，宛若巫女通靈盼想的翩翩美少年。「近身相見，如願以償」是兩人共同抱持的盼

望，不難發現，雲英對桂無明（天神）有一番未能訴說的情意。

桂無明為了讓雲英能穩坐小風樓的頭牌，替她譜寫了一曲〈且慢來〉，這一曲貫串了全劇，直指全劇的核心。雲英求藝，桂無明傳習，師徒之情溢於言表：

> 雲　英：求藝如求道，山外還有一山高。
>
> 桂郎君：知音相隨，莫言蕭索。
>
> 　　　　（雲英合唱）如此良辰美景，人生幾何。
>
> 　　　　雲英，我會寫曲妳會唱，這個小風樓是我們的。
>
> 　　　　且慢來，且慢。
>
> 　　　　（雲英合唱）舊腔記流年，哪堪時行新翻。
>
> 雲　英：對紅顏，且盡有限杯，一片傷心隨韻轉。
>
> 　　　　聲聲慢，此時此地，漫得日月閒。
>
> 桂郎君：深情在眉意慇勤，回眸一笑能勾魂。
>
> 　　　　問世間情為何物？我是向陽花木早逢春。
>
> 　　　　不過，我這張臉，面目天成非所願，梨園奇緣來平冤。
>
> 　　　　雲英和凡夫俗子不一樣，她既然和我這麼知心，她一定不
>
> 　　　　會計較我的臉，那麼，我不應該再對她隱瞞。面具，這個
>
> 　　　　面具……掩人耳目難久遠，以誠相待過情關。（摘面具）

桂無明明知自己的面貌醜陋，但他深信雲英這位知音女子願意接納他，願意與他共譜奇緣，不會因為生得一張醜陋的面孔，而一概抹煞了他的才情、智慧與真情，致使桂無明誠摯地揭下自己的面具，讓雲英透過鏡中反影親眼目睹他的模樣，殊不知雲英對此無法接受，一聲尖叫畫破長夜，也碎裂了桂無明的信任與期盼。

揭開真面目，是因為桂無明深信雲英不會視他如凶神惡煞，他接連的試探雲英對他的想像，正是擔心雲英無法接受這樣一位有惡鬼面貌的天神長期陪伴她。對桂無明而言，主動揭開面具，無異於自揭傷疤，不料善良和藹的雲英竟會將他當成是厲鬼，只要他有這樣的面貌一天，他就無法得到雲英的認同，他長久以來對雲英的照顧與愛護也盡付流水。

自揭面具，對自己的坦率、誠實，到頭來仍是自取失敗，誠樸的態度並

不會得到任何的同情與愛情，驅使桂無明性格上的變化，變得癡狂，但也拋卻了「天神」的面貌、更否認「鬼魅」這句禁錮的咒語，坦然地對雲英表明自己是「一個血性的男兒」。自行摘下面具，造成「神→人」實質的回歸，而當他被社會所拋棄，居處在地宮過非正常人的幽暗生活時，促使他如墜入鬼域般的哀怨、悲嘆，他所擁有的才情完全不被世人認同，他的形體與他的才情如鬼一般地無形，但卻眞實存在這世間，莫不讓人感到萬分凄涼。

六、梨園眾生，人的超凡解脫

　　烏俊才和桂無明在劇中都是身兼神、鬼、人三種身份的人物，而這三種身份的識別與認同卻是在不同情境與人物的知覺上。烏俊才在劇中對自身的描述仍嫌單薄，易視爲「尋求關注者」的，而往往忽略了尋求關注下的權力關係，許多涉及烏俊才的知識與力量則容易被故事本身給遮蔽。〔註 21〕或許這個原因促生了《梨園天神桂郎君》這部劇作，更易情節，探掘人物內心情感的波動，讓觀眾得以體會到「超凡解脫」般的釋懷人生。

　　但烏俊才／桂無明表現了過度的情緒，尋求徐芙蓉／雲英的注意、關愛，當烏俊才／桂無明出現強烈的情緒時，會將自己和誘發強烈情緒的事件拉開距離，不自覺地誘惑心愛的徐芙蓉／雲英，甚至和對方透過曲詞來調情，時而迷遊（fugue）在神、鬼、人三種不同性格的狀態。

　　王德威曾針對施叔青的「怪誕（grotesque）美學」及「鬼魅（gothic）敘事」提出看法：「怪誕是一種曖昧的效應，在斷裂力量的支使下，我們對看似熟悉和和諧的世事，覺得疏離起來，從而粉碎了貫串其間的連鎖意義。」〔註22〕不妨藉此觀點來析論梨園裡的人格崩解與社會疏離。

（一）蒼天若破女媧補，荒地無情誰來修

　　《梨園天神》中的烏俊才始終是個狂放、自恃甚高的「人」，又兼容了鬼、神的性格特質，這些特質之所以不會相互干涉的原因在於：烏俊才取神權來展現神威、得鬼術以顯露鬼謀。神威只對徐芙蓉顯靈，藉此誘惑徐芙蓉與他相伴，鬼謀是對小風樓裡的「閒雜人等」施壓，恫嚇「凡人」聽從他的安排

〔註21〕參閱艾莉絲‧摩根（Alice Morgan）著；陳阿月譯：《從故事到療癒：敘事治療入門》（臺北：心靈工坊，2008 年 08 月），頁 35～36。

〔註22〕王德威：〈異象與異化，異性與異史〉，載於施叔青《微醺彩妝》（臺北：麥田出版社，1999 年），頁 13。

與指示。當他角色扮演成習慣後，倒減損了身為人的自覺，烏俊才迷失了人的性格與特質，透過扮演鬼、神來痲醉自己，以鬼、神的視點來看待世間凡人。由於他恃才傲物，眼中的芸芸眾生不過是所有惡念的集合體。由於徐芙蓉掀開了面具，使得烏俊才情緒失控，所有的鬼性、神格都被解放。

對一個充滿憤懣的人來說，唯有接納與寬容才能撫平失序的人格。劇末，徐芙蓉願意放棄與白家卿的情緣，而與烏俊才成婚，當烏俊才和徐芙蓉對望一陣，烏俊才欣喜地朝徐芙蓉迎去，徐芙蓉則是卻步後退，烏俊才目睹這種情況旋即止步，雙手捂自己臉上的醜疤。徐芙蓉緩緩趨前，握住他的雙手，甚至緊緊抱住烏俊才，彼時的烏俊才拋卻了鬼與神的認同，成了一個有血有淚的人，徐芙蓉的擁抱膚慰了他空虛的心靈，挽救了一個迷失的靈魂，但也無法救活一個生命，烏俊才選擇跳下未知的深淵，在另一個世界鳴奏天籟。

（二）破鏡重圓，暗中換流年

《梨園天神桂郎君》詳細交代了桂無明出生時的遭遇：母親生下他，鬱鬱而終，桂府內的奴婢嫌棄他的面貌如鬼，桂無明之父貴為達官顯要卻生出這樣的孩子，悲嘆「誰知魔鬼借腹下世，天崩地裂」、「議論紛紛，天降妖孽，害我變成千夫所指，夫人到死，還口口聲聲說人換走伊的親生兒」。

一個爹不疼、娘不愛的孩子從小失去雙親的溫情，又生得一副鬼樣貌，只有小風樓駝背的老琴師願意扶養他，自幼教導詩才曲藝。但成年的桂郎君卻對這樣的命運安排感到大大的怨嘆，認為自己遭受詛咒的迫害：

> 桂無明：因為我是一個被詛咒的人，我生做這種模樣，連我的親生
>   父母
>   看我奇形怪狀染心病，放我深山林內去問天，
>   船過無痕伊哪管我生死，重生桂子蘭孫傳宗基。
>   那個駝背樂人，他為什麼要救我！
>   從此斷絕父子情，為顧全伊高貴門風將我犧牲。
>   若是冥冥之中早註定，樂人自作主張定我一生。
>   伊先天殘缺終生是異類，在世間受辱無是非。
>   我超凡奇才被人呼為鬼，指天突地無明能怨誰？
>   伊作主亂改生死簿，我忍辱偷生恨當初。
>   光天化日受盡椎心苦，不如遺世獨立住鄶都。

對於生活的種種不滿致使桂郎君失去「社會支持」，[註23] 通過桂無明自述其身世遭遇，雲英與姚虔成為桂無明的聆聽者時，所有的怨憤有了傾瀉的出口。無法忽略的是，桂無明為了尋求關注而衍生出許多事件。桂無明宣洩了他的情緒，並在敘事過程中，呈現其他事件的面貌，更刻劃了桂無明遭受社會鄙視、懷才不遇的窘況。

桂無明這樣一位「血性的男兒」，勇於揭示自我的「凡人」身份，不再尋求面具的掩蔽、保護，也捨棄了鬼、神的權威，他之所以願意在此時揭露自己的身份、生平際遇，是因為他自己對於現實生活的想望與追求，消褪了鬼、神的戲劇性人格，而提升自己身為「人」的存在感，才會成全雲英與姚虔，而獨自踏上旅程，尋找嚮往的樂土。

第三節 「魅影」的戲劇化人格

鏡子、面具這兩項符號在《歌劇魅影》小說中的作用，即使在跨文化改編之後仍保留在改編文本之中，只是有所變異。本節則以人格特質的觀點來檢視／評估艾瑞克的性格，可從他的所作所為對應出明顯的 B 型人格疾患特徵，據此研判艾瑞克有人格疾患，精神處於不穩定的狀態。何以魅影如此迷人？楊忠衡曾表示：

> 「魅影」之所以讓全世界為之瘋魔，除了韋伯的生花妙樂之外，「魅影」故事描述了所有人潛藏的心理狀態，因而能得到廣泛的共鳴。帝王將相、蓋世英雄雖然為世人所景仰，但被壓抑的、徒有才華而只能隱藏暗處、有著不可告人缺陷的悲劇英雄，更帶有一種幽微不可抗拒的魅力。每個人心中住著一個魅影，一方面自覺才高八斗、懷才不遇，另一方面又有著不可告人的醜陋陰私面。極度自戀與極度自卑之間，無時不刻進行著反差極大的拉扯，只能藉著一張戴在臉上的面具，維持表面的平靜。
>
> 韋伯從《歌劇魅影》中讀出原作在驚悚故事之下，埋藏的人性幽光，於是將它純化、詩化，造就邏輯毫不嚴謹卻浪漫動人的天下第一劇。

〔註23〕Michael Argyle 著；施建彬、陸洛譯：《幸福心理學》（臺北：巨流圖書，1997年），頁 30。

> 英雄的墓碑有傾頹的一天，魅影卻永遠神出鬼沒，它無法被消滅，
>
> 因為它有無數分身，在人心永駐。〔註24〕

我們要怎樣看待這位極度自卑與自大的「人」？這是編劇開始著手進行劇本撰寫時，必須要先認識的核心人物，所有事情皆因「祂」而起，就連周遭人物的性格變化也深受其影響，倘若我們要對這號人物有細微的認識，應透析「祂」的形（外形、外顯行為）、神（內心、內在動機），如此才能對筆下人物性格有較為精確的掌握與塑造。以下試從精神分析的論點來透析「魅影」們。

一、以精神分析探知「魅影」的心理動力

西格蒙德・佛洛伊德（Sigmund Freud，1856～1939）奠定了「精神分析醫學」（Psychoanalysis），對於心理現象的構成、發展及治療有深刻的影響，〔註25〕後人並廣泛運用於心理學、文學、哲學上。

佛洛伊德將個體的心理結構分為「本我」（id）、「自我」（ego）與「超我」（super-ego）以解釋心理生活的意識關係。〔註26〕「本我」是潛意識形態下的思想，人類與生俱來的本能，以滿足本能衝動的慾望，如飢餓、性慾（食色性也）；〔註27〕「自我」是指個體有意識的部份，隨個體的生長而形成；〔註28〕「超我」則是人格心理的社會道德標準，恆等於人類的道德意識或良心。〔註29〕

〔註24〕 楊忠衡：〈讓人又愛又恨，永不止息的矛盾輪迴——「魅影學」的奇幻世界〉，收於卡斯頓・勒胡；楊玟譯：《歌劇魅影》（前引書），頁3。

〔註25〕 佛洛伊德早期研究歇斯底里（hysteria）的症狀，利用催眠治療與講談方式協助個案（安娜・O），但佛洛伊德發現即使了解個案過去的創傷亦無法協助治癒，另開啟潛意識的研究。

〔註26〕 心理生活可劃分成意識（consciousness）與潛意識（unconscious），但潛意識又可分出兩種，一種是潛伏但具有意識的，稱之為前意識（preconscious），另一種則是被壓抑且不能以尋常方法轉變為有意識的，稱之為潛意識。可參閱佛洛伊德著；楊韶剛譯：《超越快樂原則》（臺北：米娜貝爾出版公司，2000年09月初版），頁208～209。

〔註27〕 「本我」是與生俱來的人格結構基礎，「自我」及「超我」即立基於「本我」而發展生成。本我僅遵循享樂原則（pleasure principle），追求個體的生物性需求（食物飽足與性慾滿足）並避免痛苦。享樂原則在人類嬰幼兒時期最為明顯、突出。

〔註28〕 「自我」是隨個體的生長而從「本我」中分化出來，基於「現實原則」（reality principle）而運作，視現實社會的規則做出可被社會大眾所接受的行動，並須在此前提之下才可做出滿足本我的衝動行為，易言之，「自我」隨個體逐漸成熟，對於「本我」的支配影響力也隨之增加，「自我」即成為人格的執行者。

〔註29〕 佛洛伊德認為「超我」的形成，與父親形象、文化規範有關，與「自我」立

　　本我、自我與超我的協調關係讓個體有完整的人格，人的心理活動可從中獲得合理解釋。享樂的「本我」與循規的「超我」彼此對立而需要調適，一旦遭遇過大壓力將會產生焦慮（anxiety），自我則會試圖壓抑焦慮，必要時啟動自我防衛機制。

　　當若干生活經驗（創傷的記憶或禁忌的慾望）極具威脅性時，個體透過壓抑（repression）〔註30〕與自我防衛機制（ego defense mechanisms）〔註31〕這種特殊心理歷程試圖將它驅離於意識之外。雖然原來不被接受的想法或動機內容被壓抑、排除於意識之外，但強烈的情感仍然存留並持續影響行為。

　　自我防衛機制的運作，讓當事人維持良好的自我形象（self-image）及可被社會接受的社會形象（social image）。但個體若產生焦慮這種強烈的情緒反應時，表示「壓抑」的作用已經無法控制，需要更多防衛機制的制衡，將令人感到苦痛的衝動埋回潛意識中。換句話說，自我防衛機制的運作其實只是自欺欺人的手段，隱藏焦慮而不代表減輕或解除焦慮，僅治標而不治本。

　　由此觀之，每個人都有一個心理過程的連貫組織，其中「自我」發揮了「壓抑」作用將某些心理傾向排除在意識之外。透過精神分析則可窺見這些被排斥在外的傾向是如何與「自我」形成對立、產生抵抗。就此來看，我們也得以了解為何佛洛伊德相當重視「潛意識」的作用，係因他認為年幼時無法滿足的性動機與攻擊動機會被壓抑在潛意識中，造成個體日後不良或奇怪的行徑，許多精神官能症或人格疾患與此有莫大的關聯。

　　運用精神分析的手法，可在欣賞文學作品的同時，留意到文本中的內在含義及作者的潛在動機，而非訐發陰私或侷限作品的意義，相反的，是要尋找同情作者的餘地，並探究作品可能的意義。〔註32〕

　　　場相對，其運作是為了維持個體的道德良知。佛洛伊德將「超我」的形成歸結成兒童戀母情結的崩解，轉而對父親形象的產生認同，也因擔憂父親的閹割報復而產生「閹割情節」（castration anxiety），並內化於個體。

〔註30〕壓抑（repression）是當個人有衝動想法或記憶不被接受、不敢表達時，經由「壓抑」的心理歷程以保護自己免於焦慮或罪咎，是最常用的自我防衛機制。

〔註31〕自我防衛機制（ego defense mechanisms）是避免「自我」為了調停「本我」與「超我」之間的衝突而過度負荷，而用來保護自己的心理策略合稱，自我防衛機制的啟動會否定或扭曲事實，而不被當事人察覺。個體在成長過程中會不斷發展各種防衛機制，以應付生活中遭遇的威脅、挫折和衝突，而這些應付的行為模式成為個人性格的特徵。

〔註32〕必須了解的是，精神分析解釋作品的創作動機並非在揭露作者不可告人的隱私（譬如伊底帕思情結、同性戀、性無能等）。王溢嘉：《精神分析與文學》（臺

　　艾瑞克早年失去父母的疼愛，且因爲面容醜陋，使其失去對父母、社會的認同，致使「自我」不但無法平衡「本我」與「超我」，也未能妥善排解潛意識中的性衝動與攻擊本能，導致他日後形成扭曲且複雜的人格。通過精神分析的策略，以探掘深埋在艾瑞克潛意識中的變因，如此一來我們方能掌握他那「扭曲的靈魂」特徵。魅影艾瑞克無疑是後來改編演出的關鍵人物，對此人沒有深入的研究與了解，又怎能體會得到他的「善變」，沒能掌握這樣的人物性格，無論是編劇在人物性格的塑造，或演員對人物表演的詮釋都難以周全、細膩。

二、「魅影」的人格疾患

　　當我（們）面對像是《歌劇魅影》這般複雜的作品時，留意到作者撰述中的隱喻晦澀而又充滿符號象徵，試圖掩護眞正的意圖時，我們必得藉助理論方法來抽絲剝繭，我在前一節以符號學的概念來看待鏡子與面具的象徵意涵，本節則欲透過精神分析理論，對艾瑞克此一人物的人格進行分析。將精神分析理論對人格的探討，帶入文藝作品的討論之前，有必要對「人格」先作概略的介紹。

　　在日常生活中，我們往往會把人們的行爲劃分爲幾個不同類別，這有助於我們把人類行爲的多樣性化繁爲簡，在心理學領域中，將這種行爲的特質稱之爲「人格」（personlity）。對於人格的描述，大抵有根據類型加以分類（類型論）、以特質加以描述（特質論）這兩種途徑。〔註33〕而不同學派對於人格的見解不同，促使人格理論的發展相當多元。

　　人格理論之所以多元複雜，也是因爲每個人的生長基因、生存環境、生活經驗不同，衍生出不同類型的人格。當天生的基因讓我們的表現比較極端、早期的養育有部分的缺陷、或者是生活的經驗讓情緒的發展遭遇了許多障礙之後，有可能造成「人格疾患」（personality disorder）。換言之，「人格疾患」

北：野鵝出版社，1999 年 11 月初版），頁 214。

〔註33〕　前者是把人們歸類爲有限數目的個別類型（distinct types），但通常不能掌握人格較微妙的層面；後者則是假定所有人都擁有各種特質，只是每個人在特定特質上的擁有程度不同（different traits），特質使得個人的行爲在不同時間和不同情境中具有連貫性。類型論和特質論能夠簡明描述不同人們的性格，但不能普遍解釋行爲如何產生或人格如何發展，僅只檢定及描述跟行爲相關的性格特徵。參閱 Richard J. Gerrig, Philip G. Zimbardo 著；游恆山譯：《心理學》（臺北：五圖書出版有限公司，2010 年 05 月五版），頁 362～369。

是人類個人特質產生變異或是有極端表現時的一種病症定義。值得注意的是，人格疾患是一種長久的狀態，且容易影響與患者互動的人（如親友），因此在進行評估時亦須考量周遭的人對此個案的感受。〔註34〕

　　我援用人格理論的觀點來看待《歌劇魅影》小說中的艾瑞克，並觀察與他互動密切的人們，以艾瑞克的表現與周遭人們的感受作為評估，其實得以歸納出艾瑞克的人格特質傾向於B型類型的人格疾患：戲劇化／反社會性／邊緣性／自戀性人格疾患（此類當事人的行為顯得戲劇化或脫離常軌）。〔註35〕下表 5-2 將B型的四種人格疾患及其特徵列出，並對應《歌劇魅影》中艾瑞克的行徑，作為例證以評估其人格疾患的狀況。

表 5-2　《歌劇魅影》艾瑞克與B型類型人格疾患對應表

類型	人格特徵	《歌劇魅影》艾瑞克之評估
邊緣性	・混亂的兒童期	→缺乏正常的親子關係。
	・教育中斷	→未循正常教育管道就學。
	・父母疏忽或虐待	→自出生以來，從未獲得母親關愛。
	・犯法	→謀財害命、製造公共危險等罪。
	・衝動	→容易做出不明理的舉動。
	・害怕被遺棄；待在自我破壞的關係裡	→害怕克利絲汀離他而去。
	・無法實現可達成或長期的目標	→幻想創作《唐璜的勝利》但未完成。
	・經常性的自殺意圖或企圖	→地宮中，以棺材做床。
	・自我界線不清楚；受周遭人物過度影響	→受周遭人物鄙斥而對自我缺乏肯定。

〔註34〕David J. Robinson：唐子俊、唐慧芳、李珣譯：《失序的人格：人格疾患的評估與治療》（臺北：五圖書出版股份有限公司，2007 年 01 月初版），頁 5～6。

〔註35〕按美國精神醫學學會 1987 年出版的《精神疾病診斷及統計手冊》（Diagnostic and Statistical Manual of Mental Disorers，簡稱 DSM）三版修訂版（DSM-Ⅲ-R）分類，共包含十一種人格疾患，可概分為 A 型、B 型、C 型三大類；1994 年公布第四版 DSM，對前次分類略有調整。人格疾患的診斷需從個案的經驗和行為型態表現來研判，詳情可參閱 David J. Robinson 著；唐子俊、唐慧芳、李珣譯：《失序的人格：人格疾患的評估與治療》（前引書），頁 9～14，或連結美國精神醫學學會網址 http://www.behavenet.com/apa-diagnostic-classification-dsm-iv-tr#301。

反社會性	·圓滑、能言善道、表淺的情緒	→善於說辭、騙人、迷惑人心。
	·自大	→自豪自己的音樂天份與品味。
	·衝動控制差	→容易做出不明理的舉動。
	·多樣的犯罪	→謀財害命、製造公共危險等罪。
	·逃避自己行為的責任	→推卸許多行為責任。
	·青少年就出現非法行為	→建造波斯皇宮極刑室，凌遲犯人。
	·社會的「寄生蟲」	→騙取劇院經理的錢財賴以維生。
戲劇化	·情緒不穩定	→面具被揭開即大聲咆哮。
	·自我中心	→以劇院之鬼自豪。
	·戲劇化	→假扮成劇院之鬼、音樂天使。
	·表演的慾望	→取代皮安吉，與克莉絲汀演對手戲。
	·性誘惑（希望得到注意，但又害怕）	→希望獲得克莉絲汀的注意，但又害怕。
	·過度反應、不成熟。	→不懂得戀愛，一心希望將克莉絲汀留在他的身邊；愛吃醋。
自戀性	·高傲的態度	→對於音樂品味的態度高傲。
	·隨時準備指責別人	→對卡洛塔等人投以嘲諷、斥責。
	·明顯的缺乏同理心	→不釋放極刑室中的布奎；製造恐慌。
	·對於挑剔過度敏感	→不接受閒言私語，否則投以「詛咒」。
	·很常以自我的價值觀做參照的標準	→要求劇院經理服從他的指令行事。
	·只有對於能夠增加自己榮耀和成就的人給予鼓勵	→只鼓勵為他傳揚美聲的克莉絲汀。
	·沒有辦法維持自尊	→一旦面具被揭開即心神受創。
	·擁有許多幻想但是實際的成就很少	→幻想創作《唐璜的勝利》但未完成。

　　人格疾患的特徵不限於只在某一種疾患出現，只要是屬於同一型的人格疾患多半會有共同的特徵。就上表而言，不難發現艾瑞克的諸多行徑，在B型人格疾患特徵上幾乎都有所對應。雖然預設艾瑞克罹有精神上的疾病，而從人格疾患和精神分析的角度上予以觀測，雖談不上臨床診斷，但初步評估後可推估艾瑞克確實罹有人格疾患。

　　但我們該問為何艾瑞克有如此嚴重的人格疾患呢？

　　前文提到了艾瑞克自小失去父母的關愛，且因為醜陋的面容不見於世，失去對父母及社會的認同，因自卑感作祟使得人際關係不佳，而無法歸屬於

社會團體，更遑論遵從團體中的規範，〔註36〕也因此被排擠至社會邊緣，並且無法融入現實社會中，導致他形成邊緣性與反社會人格疾患。

艾瑞克的邊緣性與反社會人格疾患，是從小到大的心理歷程所導致，而自戀性與戲劇化人格疾患則是後天養成的。按原著小說裡對艾瑞克的描述，他是智能過人但長相「抱歉」的畸形兒，逃離吉普賽雜技團而藏身巴黎歌劇院，利用機關、密道和狡詐的手法來操控歌劇院的人、事、物，同時兼具驕狂與羞怯兩種互相矛盾的氣質，集自卑與自大於一身。若我們將邊緣性與反社會人格疾患歸因於他的「自卑」，那麼自戀性與戲劇化人格疾患則追究在他的「自大」。

艾瑞克是難得的天才，精通音樂、建築、戲法，但這些實力、能力並沒有為他帶來崇高的榮耀與成就，他依然是生活在社會陰暗角落裡的怪人、鬼魅。他並非不認同自己的才能，只是這些才華只得孤芳自賞，遂養成他自戀的性格，但既然他有這麼卓著的才能，如果就此埋沒則太過可惜，於是他擅用自己的才能，詭計多端地構設戲局，化身為劇院之鬼，假藉鬼魂的權能穿梭時空，既能預言吉瑞夫人的女兒梅格會在1885年成為女皇，收服吉瑞夫人為心腹，又可運用密道、機關在劇院裡傳聲移形，甚至竊取了經理的錢，艾瑞克仿若演員般進行戲劇表演，整座歌劇院就是他的表演舞臺，形成了戲劇化人格疾患。

了解艾瑞克人格疾患的成因與特徵，除了對於劇中人物的性格塑造和演員形塑有關外，還有一點是改編文本應留意之處，那就是克莉絲汀是如何解救艾瑞克「扭曲的靈魂」？為何一個吻可以融化魔鬼般的心？這些是後來的改編文本都沒能處理的重要線索，將愛當作是童話故事般解除魔力或封印的力量，而《梨園天神》和《梨園天神桂郎君》沒有這深情一吻，改以含蓄、保守的對話帶過，又是如何讓烏俊才見性成佛，讓桂無明浴火重生呢？這是次節所要探討的。

〔註36〕社會規範（social norms）是廣泛的行為準則，也可能具體化為特定的行為標準。當個體歸屬於某團體時，這個團體的規範將調整個體在團體情境中適宜的行為，通常發生於個體注意到所有或大部份成員在若干行為上的一致；或是觀察到當有人違反社會規範時所招致的負面後果。社會規範有助於導正成員的行為、調整社會互動；個體則可能順從了社會期待，稱之為「從眾」（conformity），是指個人行為自願接受團體規範約束的內在傾向。參閱Richard J. Gerrig, Philip G. Zimbardo著；游恆山譯：《心理學》（前引書），頁492～495。

三、神出鬼沒的失序人格

前文揭櫫了透過鏡像如何探究人性，從他者反映出自身，應證「自我」的成立與型態；「面具」則是裝神弄鬼的媒介，而這一媒介又具有「壓抑」人格的作用，使得故事人物能以鬼神之姿出入於世。從這兩項符號的象徵意義擴大詮釋了鬼、神與人的特質與意義，目的則在探究戲劇活動中，編劇該如何掌握人物形象並予以改編、刻劃、塑造，而演員又如何能傳神地效仿、揣摩、形塑且神且鬼的失序人格特質。

平心而論，就《歌劇魅影》影劇版本和《梨園天神》、《梨園天神桂郎君》的人物塑造和演員形塑來看，轉譯與文化變動幅度較小的音樂劇顯然是較為準確而成功的，電影版則過度放大勞爾的威能，讓艾瑞克相形失色；《梨園天神桂郎君》別出〈少司命〉的精神融貫其中，並自揭面具面世，又通過「支線」劇情的補充說明，讓人物形象與舉止意涵更加鮮明，勝於《梨園天神》烏俊才沒來由動怒狂躁的性格詮釋。

若未能掌握這些符號及其衍生義，又如何進行改編與詮釋呢？王安祈在〈如何評析當代戲曲〉一文中，揭示了八項評析戲曲藝術的要點，其中與演員表演、詮釋劇中人物最有關連的項目是「性格塑造」和「演員形塑」兩樣。前者端賴編劇在編寫劇本時予以描摹、刻劃，後者則是演員自身對於人物的理解，透過歌舞表演予以詮釋；簡單來說，「性格塑造」是前置作業，「演員形塑」則是演員在場上演戲的實際展現。

《梨園天神》、《梨園天神桂郎君》既然有意改編《歌劇魅影》為歌仔戲，那麼「性格塑造」方面必然面臨文化的隔閡而難以構想鋪局。傳統戲曲的人物類型大抵二元劃分，正邪對立，但隨著戲曲藝術講究精緻多元，在人物性格的塑造上自然不該重襲棄臼，而有較深沉的探觸，除了表面的一舉一動，更注重內心的一思一想，極力開拓「人性的幽微隱私複雜面向」。〔註37〕

〔註37〕王安祈並認為編劇刻畫人物的手法也不同於往昔，傳統戲多「藉唱曲自剖心境」抒發當下情感並呈顯性格，當代戲曲則改讓人物從「對事件的反應抉擇」中體現個性。因而「情節分量、事件強度」成為必要，而「唱段」與「情節的推演」、「情緒的抒發」、「性格的呈現」四者之間更必須包容涵渾交會，大段唱腔不能造成情節進展的停滯，不像傳統戲大部分的唱段只具備單純抒情或寫景的功能，這是當代戲曲新的性格塑造法與情節結構、表演設計之間的交互關係。見王安祈：《當代戲曲》（臺北：三民書局，1996 年 10 月初版），頁 102～103。

　　編劇完成人物性格塑造的任務後，演員則必須通曉劇本內容並構思表演動作。〔註38〕關於戲曲人物的表演與詮釋，劉慧芬認為：

> 戲曲人物必須擁有飽滿立體的舞臺藝術形象，以俾腳色充分發揮「表演空間」。許多戲曲情節來自於文學名著，尤其需要注意文學與戲曲形式的轉換，以免混淆兩種藝術的基本特性。因為文學創作與戲曲創作所使用的媒介不同，文學講究文字意象、創作的美學形式與思想蘊含等抽象層面，戲曲則須具備鮮明的舞臺形象，兩者之間如不能找到適當的轉換方法，自文學作品改編的劇本，在剝離豐富的文學元素之後，往往徒具故事骨架，豐厚的內容已經蕩然無存，作品也多半不易成功。〔註39〕

　　因為戲曲裡的文學成份已在改編過程中減少，所以人物刻劃更加重要，如果刻劃得不精確，演員所表現出來的人物形象也會因此走樣，如《梨園天神》烏俊才的表現，看來倒比較像是流氓而不類似神。也因此我特別留意到演員要如何在失序的人格狀態下，去喬裝鬼、神，換句話說，演員要如何在一齣戲裡同時詮釋憤世嫉俗的鬼、慈眉善目的神和Ｂ型類型人格的人三類角色。此外，通過複雜的角色扮演，其實也會因入戲而迷失在角色當中，若未詳究，或許我們對於角色扮演所帶來的戲劇療癒效果亦不得而知。

第四節　形毀神滅：扭曲靈魂的救贖

　　《歌劇魅影》、《梨園天神》和《梨園天神桂郎君》三部劇作都有女伶、假鬼和貴族公子三角色，其中「鬼魂」的存在帶給人恐懼與壓迫，實際上種種作為又僅是惡作劇，唯有在女伶的眼前他才是令人欽佩的天使／天神。面具作為裝神弄鬼的媒介，艾瑞克、烏俊才和桂無明戴上了面具之後，就扮演了鬼、神。

　　面具不僅是角色扮演的輔助用具，它本身也具備了「壓抑」的作用，彷

〔註38〕值得一提的是，傳統戲曲在演員──人物的關係上多了「腳色行當」這樣一層媒介，演員必須通過表演程式來塑造人物性格；但就我觀察，許多歌仔戲演員歷經電影、電視劇或舞臺劇的演出，「腳色行當」的媒介有些許變質，在現代劇場的演出常能看到類似八點檔連續劇式的表演詮釋，此外，現代戲劇（觀）也影響了傳統戲曲的程式規範，使得演員可各自形塑表演風格。

〔註39〕劉慧芬：《京劇劇本編撰理論與實務》（臺北：文津出版社有限公司，2005年03月初版），頁313。

佛擁有「封印」魔性的效果，當他（們）戴上面具之後瞬時入戲而成鬼神，一旦被揭開則有如厲鬼入竅，迫害周遭的人。

佛洛伊德認爲人與生俱來擁有兩種本能：生存本能及死亡本能。前者可視爲愛慾或性衝動，這在佛洛伊德的理論中佔有相當重要的地位；後者則是個體人格中存在侵略、自我毀滅的本能，受死亡本能慾望所驅使，將會衍生出攻擊驅力（aggressive drive），這種本能可怕的地方在於：當個體爲求生存時，可能將這種驅力導向別人，而發起攻擊其他客體的行爲。〔註40〕

佛洛伊德相信人類行爲是由生存本能（性衝動）和死亡本能（攻擊本能）兩種慾望所驅動，若以此觀點來看待《歌劇魅影》小說及其改編文本，我們可以發現不同能量的變化導向不同的結局。

原著小說中，艾瑞克親吻了克莉絲汀的額頭，他的愛慾在此刻消解，也意謂生存已然失去了目標，於是邁入死亡。音樂劇（或電影版本），則是克莉絲汀面臨自己與艾瑞克廝守終生和勞爾被殺死兩種選擇，但克莉絲汀卻沒來由地在此時此刻吻了艾瑞克（不做選擇但又是種選擇），讓「愛情的完成」發生在「毀滅的瞬間」。克莉絲汀主動地吻了艾瑞克，實際上它是將愛慾取代成攻擊本能，用吻來摧毀了艾瑞克。楊忠衡即認爲：

> 克莉絲汀以吻完成了對魅影的愛，同時她也以自我犧牲完成對勞爾的愛。她吻了魅影，表示她與魅影「愛的完成」，也代表她與勞爾「愛的破滅」，但是她卻藉這個「破滅」，同步成就她獻給勞爾的愛。這是自華格納歌劇以來，西方歌劇所喜愛的「愛與毀滅同時存在」，倒不必得像「愛與死」那樣悲壯，但是那種惆悵、剎那即永恆的感覺，最是讓人深思咀嚼。〔註41〕

由此看來，愛情也是人類持有的可怕武器，有人能爲愛而生，自然也有人會爲愛而死。克莉絲汀的吻化爲攻擊的力量，擊中了艾瑞克的愛慾，當艾瑞克的愛慾獲得滿足時，死亡的驅力也就隨之高漲，那麼爲何艾瑞克不像小說情節那般死了呢？因爲愛慾也正是「生存本能」，她的吻擊潰了扭曲的靈魂，也讓靈魂從此獲得救贖而擁有存活的生命力（除此之外，艾瑞克早在克莉絲汀的深情一吻之前，透過戲劇與音樂的創作間接療癒了自己，讓自己原

〔註40〕 簡單來說，某甲搶走某乙的食物使他面臨存活危機，乙可能會發動攻擊將食物奪回，甚至致甲於死地以保障自己的生存權力。

〔註41〕 邱瑗、楊忠衡：《歌劇魅影：解讀面具與歌劇背後的魔幻世界》（臺北：國立中正文化中心，2006年01月初版），頁71。

本透過面具壓抑的性格獲得緩和而不至激烈的自殺）。

在《梨園天神》中，徐芙蓉自從看到烏俊才的面貌後，便無法平復恐懼的感受，徐芙蓉勉強答應與烏俊才拜堂完婚時，卻仍按捺不住內心的恐懼而哭了起來，烏俊才看到這一幕頓時感到無奈，當愛慾的本能無法獲得滿足時，他必得面臨自我了斷的局面，當眼前所愛的人不愛他，他又有何存活的意義？且小風樓已無法藏身，生存本能被限制時，死亡本能則催促他結束生命，讓一切回歸於無。此外，這一場由於唐美雲一人分飾二角，無法形成抉擇時刻的衝突，在沒有抉擇的餘地下，編劇只好將烏俊才賜死，以完成另一對戀侶的愛情。

《梨園天神》的結局比較接近原著小說。生存（愛慾）本能與死亡（攻擊）本能同時存在，兩者的力量會互相牽制，《歌劇魅影》小說的結局著實淒美，艾瑞克為了克莉絲汀而活、也為她而死，當艾瑞克的願望實現後，絕望也隨之襲來將他掩沒，因為他知道他和克莉絲汀是不可能有未來的，不如帶克莉絲汀的回憶長眠於歌劇院下。《梨園天神》的人物形象則類近於小說人物的刻劃，也由此可見。

而《梨園天神桂郎君》中的桂無明、雲英和姚虔三人的故事發展，則類近影劇改編文本，也因此我們看到桂無明和雲英拜堂時，桂無明將雲英的紅蓋頭掀起後即心滿意足，釋放她和姚虔離去了，當桂無明揭起雲英的紅蓋頭時，其實已是一種愛慾本能的展現，愛會讓人繼續有存活下去的勇氣，於是桂無明不至於像烏俊才那般絕情自殺，而是勇敢地繼續活下去。

《梨園天神桂郎君》更鋪造了一條桂無明的活路，使他得以等待一個充滿愛意的滾燙眼淚，等待淚水融去醜陋的面貌來獲得第二重救贖，這是音樂劇或電影所未有的。桂無明最後等到了杏兒那燒燙的淚水，兩人相會於小風樓的地宮裡，圓了一場經年累月的美夢。這個結局的設計還反映出一個特色，那就是傳統戲曲大多以喜劇作結，或是劇情最後有補償作用，《梨園天神桂郎君》本該是部悲劇，但最後卻能以「團圓」收尾，這種化悲為喜的安排，多少也表現出這部跨文化戲曲經過調適的呈現。這種結尾比起克莉絲汀主動親吻艾瑞克的情節也不遜色，畢竟兩方文化有所差異，傳統戲曲還是含蓄內斂的，總不可能演員當場就親吻起來，所以適度的變化、調整，其實賦予了這部戲傳統精神新局面。

覆蓋在烏俊才和桂無明臉上的面具，當我們揭起真實面目時，被歧視、

被當作厲鬼對待的怨念於焉生成。必須認清的一點是，每個人的臉上其實都
罩一副面具，經過面具的包覆、保護，人才會顯得安全可靠，誠如楊忠衡所
說：

> 不只魅影戴著面具，即使是普通人，只要出現在人前，會帶上一張
> 隱形的面具，把真我遮蓋起來。可能為了虛張聲勢、也可能為了保
> 護自我，它是介於「人」與「我」之間的圍牆。在圍牆之後，人們
> 感到安全、自在，藏有許多不為人知的秘密。〔註42〕

當我們的秘密被揭穿時，猶如失落了臉上的面具，所有優點與缺陷曝露
在對方視線範圍之內，禁不起刺激的人將會情緒失控，迸發出難以預料的行
動，烏俊才、桂無明也都是如此地受到面具的保護，但兩者情緒潮浪的落差
在於烏俊才是被徐芙蓉揭發真面目；桂無明則是自願坦承面對雲英。前者情
緒與心智的崩解，致使他走上滅亡的絕路；而桂無明坦然示愛、坦然面對雲
英的眼光，即使她被雲英拒絕、重新接納過，他也能夠調整自己的思緒，平
復自己澎湃的情感，接受自己面容的事實，療癒殘缺的感情。

桂無明需要接受治療，需要一帖獨特的藥方，其中，一滴摯愛的眼淚是
療癒他癲狂身心的重要藥引，因此，《梨園天神桂郎君》的劇情設計了杏兒這
樣一個思念、等待郎君的人物。杏兒的出現，給予桂無明最溫暖的懷抱，和
緩地根治長期壓抑且沉澱的羞慚、屈辱慢性病，杏兒得以協助桂無明找到回
家的路，無疑是破鏡重圓，暗中換流年的幻妙佳話。

〔註42〕邱瑗、楊忠衡：《歌劇魅影：解讀面具與歌劇背後的魔幻世界》（前引書），頁
57。

第六章　結　論

　　1980 年代以後，臺灣戲曲現代化發展與跨文化改編與表演的態勢是戲曲發展的重要轉變，在前賢熱切探究、析論下已構築出戲曲研究的趣徑。源生自臺灣的歌仔戲迄今不過百年，相較同屬漢文化的崑劇、京劇、川劇等戲曲，歌仔戲堪稱是年輕而自有特色的劇種。歌仔戲也曾「年少輕狂」，向其它大戲楷模學習，從中汲取養料而自腴，但在劇烈變易、與時俱進的當代時空中，臺灣的歌仔戲和京劇、豫劇、布袋戲等劇種，同樣面臨觀眾日漸缺席的窘況，相關從藝／業人士苦心經營，追求現代化而力求革新，又恐傳統與創新之間未能取得平衡，製作群與演出者也未必能與觀眾／評論者達成共識，可以預想戲曲表演面臨了存亡危機，或許這說來危言聳聽，但我們實難知曉正在看的一齣戲是否就是該劇種的封箱戲，而觀眾恰巧正在參與它的告別式。

　　戲曲藝術受到現代化的影響下而嘗試求新求變。臺灣歌仔戲自發展以來，便不斷地汲取養料而茁壯成長，至今已有可觀的劇作量，但就品質而言，仍有改進的空間，編導理念與表演方式也持續地摸索、實驗，追求質、量俱佳的成果，應留意歌仔戲本質並善加編創，方能展演優質的劇作。

第一節　歌仔戲精緻化的進展與本質再商榷

　　曾永義歸納戲曲本質為綜合多項技藝而成的表演藝術，並兼具文學的意義與價值，其美學基礎建立在歌（歌詞演唱）、舞（肢體動作與身段）、樂（曲調唱腔與伴奏）及劇場環境之上，彼此密切結合，譜就完整的演出，在場上同時運用唱腔和身段來詮釋歌詞的意境。歌仔戲在發展過程中向其他劇種取

法、學習，並承襲了傳統戲曲本質，但在轉型過程中變化氣質，使得現今的歌仔戲不完全以傳統戲曲的本質為依準。

自從多數劇團接連進入現代劇場演出歌仔戲後，歌仔戲的題材與表演形式漸從過往內臺風格轉向新風貌，蔡欣欣在〈催化與自發──新世紀臺灣歌仔戲的新戲路〉中表示：

> 覽眸日治時期的第一度內臺歲月，歌仔戲從本土與內地大戲劇種中，汲取了在演出劇目、身段臺步、角色行當、音樂曲調與布景裝扮的豐厚養分，奠定了發展為成熟大戲的劇藝根基；而戰後的第二度內臺時期，歌仔戲更大量借鑑了中外文藝，以及影視傳媒的故事題材與舞臺形式，演化出融合聲光、特技、歌舞與機關變景等，古／今拼貼、新／舊參雜的表現手法；至於八○年代走進現代劇場的歌仔戲演出，如視為第三度的內臺歌仔戲時期，則專業人才與知識分子的參與，各種現代化技術與觀念的引進，行政文宣與藝術製作的專業分工，使得歌仔戲更趨近於「文人化／精緻化」的劇藝風姿。
> 〔註1〕

當歌仔戲進入現代劇場演出時，必須考量到現代劇場對於傳統戲曲的助益與限制。現代劇場講究精密的分工合作，並有製作人、藝術總監、各類顧問、導演、編劇、編曲、文／武場領導及樂師、各類設計專才、劇務與宣傳等成員的參與，這也間接使得表演體制從演員為中心，過渡成以劇本為基礎，導演為核心，演員為載體的合作方式，強調編劇、導演、演員具有同等重要的地位，共同提煉出戲曲的藝術趣味。值得一提的是，這些「職位」在歌仔戲中卻沒有精密的合作，甚至缺乏製作的共識，林鶴宜即指出：

> 在歌仔戲界被稱為「藝術顧問」或「藝術總監」或「導演」的這種職位，到底被當成什麼？由什麼人來擔任？──它在傳統歌仔戲中找不到完全相應的角色。是否因為長期以來它沒有得到應有的重視，以至於一直不能發揮效果，而使得歌仔戲「現代化」的理想性或實驗精神，不能很好的被落實？〔註2〕

〔註1〕 蔡欣欣：〈催化與自發──新世紀臺灣歌仔戲的新戲路〉，《臺灣戲曲景觀》（臺北：國家出版社，2011年01月初版），頁295。
〔註2〕 林鶴宜：〈消失的主軸──我看《桂郎君》〉，《臺灣戲專學刊》（臺北：臺灣戲曲專科學校，第13期，2006年07月），頁127。

蔡欣欣在〈催化與自發——新世紀臺灣歌仔戲的新戲路〉也提到：

> 大抵編劇、導演與編腔編曲是必要的製作班底，而舞臺設計則視活
> 動需求與實際狀況而加以編列。對於民間外臺戲班而言，這本非劇
> 團常設的體制結構，因此或就劇團既有成員賦予重任，或尋求業界
> 專業人才參與，或由跨領域中尋求新血而「臨時編組」，因而彼此之
> 間往往需要經歷「撞擊／磨合」，才能夠在行事風格、審美思維以及
> 合作默契上有所統合。由於在臺灣的學院教育體制中，並未有對於
> 傳統戲曲編導與音樂人才的養成，所以創作人才的「供需失調」成
> 爲普遍存在的問題。通常具有專業素養、知名度高以及作場經驗豐
> 富的老手等成員，經常是炙手可熱的「暢銷品牌」被劇團爭相競邀。
> 〔註3〕

如何使戲曲去蕪存菁，結合現代劇場理念，使之重新融入現代群眾生活
之中，是歌仔戲現代化、精緻化的重要識見。當眾多學者、藝人紛紛提出歌
仔戲要承襲傳統以開創新局時，不禁要問歌仔戲的傳統爲何？歌仔戲取法對
象者眾，也混合了多種表演藝術，並擁有廣播、電影、電視的表演經驗，使
得歌仔戲的戲曲本質不若其他劇種的本質那樣純粹，尤其歌仔戲勇於嘗新並
致力跨界的發展，〔註4〕在追求現代化與精緻化的道路上，本質的失落和表演
的進化利弊交雜，「傳統」也給了歌仔戲不輕的包袱，誠如徐亞湘所言：

> 當代戲曲工作者真的很辛苦、難爲，肩上既有「傳統」包袱，後面又
> 有你該「創新」的不斷催促。跨的步伐小，被人嫌「保守」，跨的步
> 伐大，又被批評失了根本。進退之間，「觀眾要的只是一齣好戲」這
> 樣的普世價值，常常就被高談劇種特質與未來的言論所模糊。〔註5〕

隨劇藝的現代化、文化的多元化，臺灣歌仔戲在全球化的衝擊下勢必要
求新求變以保存生機。曾永義標舉「精緻化」的大旗，精緻化一詞成爲極具
號召力及影響力的響亮口號，呼籲各劇團朝此標竿邁進，但在缺乏實踐步驟
及參考範本的情況下，各劇團所領略、屬意的精緻化之策略、目標、內涵各

〔註3〕 蔡欣欣在〈催化與自發——新世紀臺灣歌仔戲的新戲路〉，《臺灣歌仔戲史論
　　　 與演出評述》（臺北：里仁書局，2005 年 09 月初版），頁 309。
〔註4〕 但歌仔戲的展演不應爲「跨界」而跨界，這只是淪爲賣弄的噱頭，不可讓跨
　　　 界合作反倒成爲戲曲精緻化的絆腳石。
〔註5〕 徐亞湘：〈回歸觀眾觀點的好戲——評《梨園天神桂郎君》〉，《臺灣戲專學刊》
　　　 （臺北：臺灣戲曲專科學校，第 13 期，2006 年 07 月），頁 129。

自不同而莫衷一是，遂使得各劇團有心精緻卻無能爲力、無以爲繼甚爲可惜。
當歌仔戲循精緻化的線索而推陳出新時，亦曾留意到向外國文本取經，跨越
文化的隔閡，將外國故事改編爲歌仔戲，催生了臺灣歌仔戲跨文化改編的作
品。

　　由於文化的殊異，在傳播過程中應避免文本意涵的誤讀，才能理解不同
文化所彰顯的主題意識與時代意義。改編時須思考究竟什麼是臺灣文化？令
人難堪的是，臺灣、中國同屬漢文化，但由於政局分立，且臺灣本土意識的
催化，臺灣、中國不僅隔岸，更在文化上有極大隔閡。不僅如此，孤立在太
平洋上的臺灣島，更因地理環境位置、政經開放而迎向全球化，多元文化投
入臺灣的懷抱，使得臺灣本身文化多元而複雜，本身已是混合體文化，其傳
統戲曲藝術又顯示出很「中原」的漢文化，對於在臺灣土生土長的歌仔戲來
說更令人感到跨文化改編難爲。有鑑於此，針對臺灣的「文化」背景的認識
是首要任務，其次才能細究跨文化改編的定義、策略與手法。

第二節　跨文化改編與表演的省思

　　全球化時代的來臨，臺灣的視野格局漸開，也接觸了許多外國文本，嘗
試改編出不少歌仔戲劇作。雖然跨文化改編不失爲一種劇作題材的取徑，但
其展演成果、評價則褒貶不一，欲憑藉外國文本的知名度來哄抬臺灣歌仔戲
的成就，顯然還有努力的空間，在近年諸多跨文化戲曲的展演中，改編後的
評價與回應，卻沒有特別受到肯定與支持，這凸顯出臺灣歌仔戲在編劇方面
仍有待努力。那麼該如何編撰、構設劇作？林鶴宜所言值得參照：

> 事實上，評論者對劇本的關心不僅豐富多面，且多能深入思考戲曲
> 的適應性問題。諸如：情節布局是否能向歷史借鑑？語言能否創新
> 又符合戲曲情味？既有戲曲人物重新塑造後，是否維持性格的一致
> 性？劇種敘事風格對蘊積情緒有無影響？行當特質對複雜本事的承
> 載力、主題意識對劇本成就的影響等等。是以「戲曲」這個特有的
> 藝術體製做出發點來提問的。〔註6〕

　　本文對於勒胡的《歌劇魅影》小說進行初步研析，而後延伸探討韋伯的

〔註6〕　林鶴宜：〈眾人共唱一臺戲——臺灣當前戲曲評論的機制和效應〉，《兩岸戲曲
　　　　編劇學術研討會論文集》，頁387～388。

音樂劇版本及喬‧舒馬克的電影版本這兩種流行文本，循原著文化→標的文化的沙漏流沙歷程進行研析。

根據法國戲劇學者帕維（Patrice Pavis）在其編纂的《跨文化表演讀本》（*The Intercultural Performance Reader*）中，認為跨文化劇場「混合來自不同文化區域的表演傳統，而有目的地創作出一種新面貌的劇場形式，以致原先自身的形式變得無法辨認。」跨文化改編須面對兩地的政治、經濟、文化、意識形態的結合，打破文化間的藩籬，在文化差異中的局面下進行調整、融裁為貼近本地文化特色的劇作，甚至能賦予新時代的意義。

帕維提出的「沙漏理論」指出，嘗試跨文化改編的初始兩個階段分別是「文化塑造」和「藝術塑造」，須先熟悉原著的文化背景和藝術表現，不僅如此，也得對標的文化的「文化塑造」、「藝術塑造」有所掌握。不禁要問，從「文化塑造」的視角觀察臺灣，臺灣文化有什麼樣的文化內涵？從「藝術塑造」方面來看，歌仔戲的本質又是什麼呢？

王安祈曾指出以戲曲演繹世界經典的意義：一、深化人性啓迪哲思以補強戲曲原本的抒情；二、古典劇作中永恆人性與當前經驗的交互指涉；三、藉陌生西化的題材刺激轉換表演模式。〔註7〕這三點分別指出了當前戲曲編演的重點應敘事與抒情兼重、人物性格塑造與演員形塑的刻劃入微、故事題材與表現手法須經過文化交融調整。

《梨園天神》和《梨園天神桂郎君》的編劇施如芳當對此有深刻的體會，她曾提到：

> 好的藝術文化有普世共享的價值，戲曲的表演形式對兩岸來說，更是一種深植民間的共通語言，臺灣觀眾在民主開放的時代氛圍下對中國大陸的劇本根本一點不見「外」，是很正常的現象。但臺灣和中國的土讓畢竟不同，歌仔戲若想達到文學、藝術的品味，它的「一劇之本」必然要更加如實地應照出臺灣此時此地的思想、情感，劇作家對其幽微之處須有細密的思考體認，以及游刃有餘的編劇技巧，方能寫出當代新編戲的獨特價值。不過，這是理想，知難，行亦難。〔註8〕

〔註7〕 王安祈：〈竹林中的探險〉，《表演藝術》，第67期，1998年，頁75。
〔註8〕 施如芳〈孤獨而自由：我的歌仔戲編劇之路〉《傳藝》（2006年06月），頁28～29。

　　從以上引文可知，過往我們所關注的「跨文化戲曲」，大多數劇作僅止移形而不換步，將傳統的框架生搬硬套在外來文化的故事題材之中，且所謂的跨文化其實就是「漢化」，對於臺灣文化的立基與特性並沒有特別多的考量。我之所以在本文緒論探析臺灣的文化立場，意即於此。

　　此外，對於跨文化改編的原著文本亦必須有全面的認識與理解，本文第三章詳析《歌劇魅影》小說的底蘊，對照各改編文本的改編情況，推論變異的樣態與原因。當然，改編文本難免會與原著有所差異，且戲劇的改編無疑需要觀眾的支持，後來的改編其實都考量到「流行文本」與大眾的關係，而以愛情爲主題，在劇場上談情說愛。但這般聚焦也折損了部份原著內涵，如何填補被折損的部份，可嘗試將新的意涵或精神融入劇中。

　　跨文化戲曲改編須留意情節結構的編排是否縝密、合理，避免「戲不夠，仙來湊」的歧端劇情，唱段詞曲的編擬盡可能符合人物的身份或特性，雅俗兼具爲佳，且須注意音樂曲調的變通，曲調運用應避免唱詞牽制音樂。改編自外國文本可鍛造不同的精神旨趣與思想內涵，或是在原著的基礎之上增添新的意義，避免落入傳統戲曲的俗套、窠臼。劇場實踐方面，導演應善用現代劇場的技術，避免過度包裝外表而模糊表演的焦點，演員在詮釋人物時應留意人物關係的設定，以求適切而不誇張的演出。誠如石光生所言：

> 歌仔戲面對改編歐洲作品這種跨文化的詮釋時，委實需要深入思考原著文化與標的文化間的差異，釐清文化上的落差，並眞正理解原劇的戲劇特質。首先必須面對這個問題的人，自然就是編劇了，因爲劇本被翻譯／改編時，就已經是涉及到跨文化詮釋問題。是故，編劇完成的作品其實幾乎已決定後續的劇場藝術呈現是否成功，即使導演、演員與其他藝術家再怎麼努力，也很難挽回錯誤的第一步。當然，除非有膽識、遠見的導演窺出跨文化詮釋的要義，而突破百年來歌仔戲的劇場慣例，破除「才子佳人」神話的迷思，掙脫通俗劇的枷鎖，才有機會進行合宜的跨文化詮釋。〔註9〕

　　臺灣歌仔戲應具備實驗精神，在傳統與創新的份際拿捏上力求盡善盡美，此外，也應兼顧敘事與抒情，綜合各類藝術於一方舞臺，實驗之前宜大膽假設、小心求證，不可躁進。

〔註9〕石光生：《跨文化劇場：傳播與詮釋》（臺北：書林出版有限公司，2008 年 10 月初版），頁 123。

　　戲曲表演藝術面臨了文化資產滅絕的危機，發現並正視問題的癥結，是解決的根本之道，力圖振興岌岌可危的傳統戲曲更是刻不容緩的要務。臺灣歌仔戲的精緻化聲浪逐波而起，盼以動人新貌來編演、詮釋劇作、提升劇藝，不少劇團選擇推出跨文化改編的作品以新人耳目，但這些改編之作往往流於表面，鮮少能深入探究原著並加以闡發，使得改編外國經典淪為噱頭而缺乏深度。

第三節　從《歌劇魅影》改編至《梨園天神桂郎君》

　　跨文化戲曲的改編不該只是單純的「漢化」，而應考慮臺灣在地且多元的文化特色，才能思索歌仔戲如何承襲傳統以開創新局。

　　本文概略地介紹跨文化改編的定義與意涵，並擇取帕維跨文化劇場理論對改編類型、手法及過程（沙漏理論）的見解作為全文的參考依據。除此之外，也分析、比較臺灣戲曲跨文化改編的成果與特色，也援引臺灣學者跨文化改編的觀點，對於跨文化改編的現象與理論有較全面地認識，方能有更穩健的論述基礎。

　　「沙漏理論」中關於文化塑造與藝術塑造，是跨文化改編從原著文化轉向標的文化進程中的重要階段，本文針對臺灣歌仔戲的本質，及臺灣文化指涉有初步的觀察、試探，期能對「當代臺灣歌仔戲跨文化改編與詮釋」此一論題有更明確的研究核心。

　　我透過跨文化改編論點研究並評述卡斯頓・勒胡《歌劇魅影》原著小說，以及安德魯・洛伊・韋伯的音樂劇版本、喬・舒馬克的電影版本，亦探討《浮士德》此一潛文本在原著小說的互文對照作用，後來的影劇作品為了豐富劇作內涵，改以《漢尼拔》、《啞巴》和《唐璜的勝利》則另有意涵。值得留意的是，本文另以符號學闡釋鏡子、面具的作用與象徵隱喻，並據此論述文本中的人物如何扮演鬼、神，塑造其形象。此外，還以精神分析與戲劇治療的觀點，評估原著小說中的艾瑞克具有B型（邊緣性／反社會性／戲劇性／自戀性）的人格疾患，提出新的解讀、詮釋方法，供劇作家、表演者參考。

　　緒論辯析了「改編」與「原創」如何判定的原則，儘管二者之間的界線模糊而難以分曉，但「故事」成立與否是其關鍵，若已有明確的故事內容（包含人物、情節、時空背景等元素），不論是否已被撰成小說、編為戲曲或拍就

電影，凡指替換一種載體傳播者皆屬於改編。編劇撰寫劇本後，交付導演統籌、演員表演則是二度以上的創作與詮釋，並以綜合藝術在舞臺上呈現。

不論《歌劇魅影》影劇或《梨園天神》、《梨園天神桂郎君》，經過改編已與原著小說有了差異，只是差異程度大小之分，且跨文化改編促使時空背景移風易俗、表演程式移形換步，與原著小說的內涵差異更加擴大。跨文化改編必然面對不同文化的磨擦，進而調整人物、場景劇情等劇本內容的設定，取用、調適所需的元素，而將不必要的內容刪削，但《梨園天神》、《梨園天神桂郎君》取替的設定是否精準呢？這將影響演員的表演與詮釋合宜與否。

《歌劇魅影》裡，魅影與克莉絲汀的愛是混沌不清的，對父愛的懷念、對藝術的痴迷，追求靈性的至愛而非肉體的情慾。〔註10〕《梨園天神》和《梨園天神桂郎君》的改編延展了《歌劇魅影》的舞臺生命與魅力，尤其在《梨園天神桂郎君》中特別能領略到敘述手法的繁複特色、體會到更深刻的思想情感，對於傳統戲曲跨文化改編的嘗試有莫大的意義。

總而言之，《梨園天神》承襲《歌劇魅影》的梗概與劇情較為徹底，在跨文化改編的實踐上，無出新意，僅添加了許多幽默詼諧的話語及表演；而《梨園天神桂郎君》則是在既有的架構上，大幅挪動原本的情節，羅織桂無明出生時、生活在小風樓時及回到小風樓三個脈絡的故事，嘗試將這三個跨度相當大的時空凝聚在同一個舞臺空間上，甚至安排不同時間的靈魂在對話，突顯神、鬼、人的形象與性格，並將這三種角色特質混淆，顯現出戲劇化人格的桂無明。

《梨園天神》在舞臺上呈現了傳統歌仔戲腳步手路、身段動作的程式，插科打諢、三角戀情的劇情，諷刺功名利祿、針砭人性的內涵，並沒有「格外」的表現，且唐美雲一人趕飾烏俊才、白家卿兩個角色以炫技，反而大幅削弱了人物互動與衝突的製造，劇情的編排與人物的塑造仍嫌薄弱。《梨園天神》的改編，流露出臺灣歌仔戲現代化、跨文化改編初始的窘況，過度呼應庶民娛樂性質。

《梨園天神桂郎君》在敘事結構上大幅改變，分立主線、副線與支線來敘述故事內容，彼此有連帶關係但不因時序錯置而混淆。全劇的重心放在桂無明的「情蹤」，對於這樣被邊緣化的人物有深情的表露，易言之，全劇焦點

〔註10〕邱瑗、楊忠衡：《歌劇魅影：解讀面具與歌劇背後的魔幻世界》（臺北：國立中正文化中心，2006 年 01 月初版），頁 65。

集中在「人情」上，並能融入〈九歌・少司命〉人、神戀愛的浪漫想像於劇作之中，別具新意。但全劇唱段詞曲的配合與傳統程式的融裁卻有爭議，唱詞鍊自古典詩辭但不利演唱、不易理解，且有音樂遷就歌詞之嫌，使得全劇的歌曲在演唱時多有偏失，過於文藝抒情而未必能引起觀眾共鳴，而鑼鼓點的消失使得身段動作的展現變得莫名其妙，在化舊為新的調整中仍有持續探尋的必要。

可惜潛伏在原著小說中的潛文本及其相關人物（浮士德、唐璜）具有象徵比喻的作用，或因文化差異程度的關係，歌劇魅影音樂劇與電影改編本得以留意並據此創發新的內容，而《梨園天神》與《梨園天神桂郎君》僅只襲取劇情梗概，對於其間所隱藏的內蘊並未深刻研究、編寫入戲。

近年對於《梨園天神》及《梨園天神桂郎君》的研究，尚有楊馥菱〈歌仔戲的跨文化編創——談梨園天神的兩次創作〉一文，她認為《梨園天神桂郎君》在跨文化編創上展現了以下五點特色：

1. 從中國文學作品擷取精神。
2. 從東方的親情人倫重新出發。
3. 才命相妨的省思。
4. 為遺憾的愛情重新尋找出口。
5. 三度空間流轉的堆疊。〔註11〕

關於第一點「從中國文學作品擷取精神」，施如芳將《歌劇魅影》那介於天使與魔鬼間的艾瑞克形象，轉化成屈原《九歌》中纏綿的神人之戀，提煉出若即若離的東方美感。第二點「從東方的親情人倫重新出發」則回顧桂無明的身世，強調東方文化對於親情展現的特殊性，但也製造出親情的糾葛困惑。第三點「才命相妨的省思」明白指出桂無明有著與生俱來的天賦異稟，但卻深受顏面殘疾之苦，若是無人欣賞，縱然有卓著的才華也無人賞識。第四點「為遺憾的愛情重新尋找出口」是施如芳為桂無明保留的一條後路，讓杏兒的出現填補了桂無明的缺憾，讓他忽略了外形的醜陋而面對自我的本心。第五點「三度空間流轉的堆疊」，說明了整齣戲在敘事推演上的三種徑路與時空，彼此流轉堆疊營造豐富的戲劇層次，讓戲劇的張力得以發揮、放大，

〔註11〕楊馥菱：〈歌仔戲的跨文化編創——談梨園天神的兩次創作〉，《2011跨越與實踐：戲曲表演藝術學術研討會論文集》（中國文化大學中國戲劇系主辦，臺北：文津出版社，2011年），頁31～58。

形成獨特的敘事手法。

　　楊馥菱總結了《梨園天神桂郎君》全劇的特點，藉以省視臺灣歌仔戲跨
文化改編的困難與得失，其評論對於該劇多有肯定，與我所論或可相互對照。

　　在此必須肯定《梨園天神桂郎君》勇於嘗試的精神與創新的理念，但也
要強調當代臺灣歌仔戲進行跨文化改編與表演時，務須對於「原著文化」、「標
的文化」的文化塑造與藝術塑造皆有通曉達觀的認識，如此才能在既有的框
架中尋覓新的出路，另有創發。

　　通過以上的論述，為臺灣歌仔戲跨文化改編與詮釋，提出新的觀察視角
與詮釋徑路。

第四節　研究成果與限制

　　探討《梨園天神》和《梨園天神桂郎君》二劇在編、導、演及舞臺美術
上的詮釋，並觀照這兩部劇作在臺灣文化與戲曲藝術上的成果與意義，對前
述之文本進行全面性的比較，評其得失並試論其改善方法，避免只批評不提
出建議的論述。

　　戲曲有其穩定的表演程式與體系，發展相當成熟，在傳承的過程中，並
非一成不變，具有修整、詮釋與再創造的空間，臺灣歌仔戲的發展漸由粗俗
到精緻，配合現代化的劇場經驗與經營方針，企使歌仔戲表演藝術更臻成熟
且精彩可期。

　　張育華在〈試論傳統戲曲的時代走向〉曾言：「臺灣精神要具有世界景觀，
首先要能以大中華族群的宏觀思維包容民族傳統文化的多元面向，才能使它
的全球視野既有本體文化精神的延續，又具備新時代發展的觀念。」〔註12〕
新世紀的戲曲首要從觀念上打開封閉的眼界，從世界戲劇的高點去觀察現代
藝術的表現方法。這是戲曲的當代趣味與國際視野的共同展示，它分別具有
三個方向的追求目標：發展戲曲表演藝能的深度，開拓戲曲題材視角的廣度，
以及提昇戲曲舞臺手法的高度。本文精研《歌劇魅影》小說的內涵與隱含意
義，對照、比較各改編本，即試圖以不同的觀點，以《梨園天神》和《梨園
天神桂郎君》來審視當代臺灣歌仔戲跨文化改編與表演的現象。

　　本文論述結合理論與實際觀察，參酌古今中外學理的觀點、概念，對此

〔註12〕張育華：〈試論傳統戲曲的時代走向〉《臺灣戲專學刊》第 2 期，頁 72。

論題進行探究，致力於開闊視野與洞見前瞻，揭舉戲曲跨文化改編、表演與詮釋的可能徑路。文中參佐了符號學、心理學及其相關的精神分析、戲劇治療理論，盡可能不被理論奴役驅使，或強搬硬套地加以驗證，而提出其他可能的詮釋角度來述說《歌劇魅影》小說中的隱含秘密，若能成功解密將可作為改編文本參考的內容，予以調適、變化。

　　前人研究成果雖豐，但觀點頗為相近，我雖不才卻別具點思，對於戲曲編劇中的文化反映、跨文化改編的策略手法格外重視，成為本論文主要探討的兩大議題，期能藉此討論擴展臺灣歌仔戲編演的視野與創作方式，以急起直追的攻勢投入文藝場域，戲曲藝術與文化貌似陳舊過時，但歷經變法圖強後也能一展新風貌，以老枝新葉的面目見世，精煉文化創意產業中的歌仔戲。

　　全文徵引文獻涵蓋古今中外，我才疏學淺，已勉力蒐羅、研讀、辨析材料，諸多理論又因語言轉譯而恐誤讀，所論內容涉及臺灣戲劇史、跨文化理論、文化史、文化理論、符號學、心理學、民俗學、楚辭等學科知識，學問廣博且深邃，但本人學術根柢尚淺，文中恐有不少疏漏或誤解之處，尚祈賢達先進不吝指教。

參考文獻與資料

以下資料依姓名筆劃、次按出版時間序列

一、工具書

1. 遠流臺灣館：《臺灣史小事典》，臺北：遠流出版事業股份有限公司，2000年初版。

2. 許雪姬等：《臺灣歷史辭典》，臺北：行政院文化建設委員會，2004年初版。

二、戲曲／劇專著

1. Edward A. Wright；石光生譯：《現代劇場藝術》，臺北：書林初版有限公司，1986年01月初版。

2. Robert L. Lee；葉子啓譯：《劇場概論與欣賞》，臺北：揚智文化事業股份有限公司，2001年09月初版。

3. 王宏維：《命定與抗爭：中國古典悲劇及悲劇精神》，北京：生活‧讀書‧新知三聯書店，1996年04月初版。

4. 王安祈：《傳統戲曲的現代表現》，臺北：里仁書局，1996年10月初版。

5. ———《當代戲曲》，臺北：三民書局，2002年09月初版。

6. ———《性別、政治與京劇表演文化》，臺北：國立臺灣大學出版中心，2011年09月初版。

7. 石光生著：《跨文化劇場：傳播與詮釋》，臺北：書林出版有限公司，2008年10月初版。

8. 呂訴上：《臺灣電影戲劇史》（自行刊印，1961年）

9. 朱光潛：《悲劇心理學——各種悲劇快感理論的批判研究》，臺北：蒲公英出版社，1986年初版。

10. 朱芳慧：《當代戲曲新觀點》，臺北：國家出版社，2008年09月初版。

11. ———《跨文化戲曲改編研究》，臺北：國家出版社，2012 年 04 月初版。

12. 吳興國、林秀偉：《英雄不卸甲：出發！《慾望城國》的傳奇旅程》，臺北：日月文化出版有限公司，2010 年 10 月初版。

13. 沈惠如：《從原創到改編——戲曲編劇的多重對話》，臺北：國家出版社，2006 年初版。

14. 李立亨：《我的看戲隨身書》，臺北：天下遠見出版股份有限公司，2010 年 12 月二版。

15. 李祥林：《中國戲曲的多維審視和當代思考》，四川出版集團巴蜀書社，2010 年 12 月初版。

16. 李惠綿：《戲曲表演之理論與鑑賞》，臺北：國家出版社，2006 年 05 月初版。

17. 李曉：《古典戲曲與崑曲藝術論》，臺北：國家出版社，2011 年 10 月初版。

18. 林克歡：《戲劇表現論》，臺北：書林出版有限公司，2005 年 11 月初版。

19. ———《消費時代的戲劇》，臺北：書林出版有限公司，2007 年 09 月初版。

20. 林茂賢：《歌仔戲表演型態研究》，臺北：前衛，2006 年初版。

21. 林鶴宜：《臺灣戲劇史》，臺北縣：國立空中大學，2003 年初版。

22. ———《從戲曲批評到理論建構》，臺北：國家出版社，2011 年 09 月初版。

23. 林鶴宜、紀蔚然：《眾聲喧嘩之後：臺灣現代戲劇論集》，臺北：書林出版有限公司，2008 年 01 月初版。

24. 周傳家：《戲曲概論》，臺北：文津出版社有限公司，2009 年 09 月初版。

25. 邵義強編：《世界名歌劇宴 7：法國歌劇》，高雄：麗文文化，2003 年初版。

26. 邱坤良：《臺灣劇場與文化變遷：歷史記憶與民眾觀點》，臺北：臺原，1997 年初版。

27. ———《陳澄三與拱樂社：臺灣戲劇史的一個研究個案》，臺北：傳藝中心籌備處，2001 年初版。

28. ———《移動觀點：藝術、空間、生活戲劇》，臺北：九歌出版社有限公司，2007 年 04 月初版。

29. ———《飄浪舞臺：臺灣大眾劇場年代》，臺北：遠流出版事業股份有限公司，2008 年 11 月初版。

30. 邱莉慧等：《劉鐘元與河洛歌子戲團》，臺北：臺北市社教館，2011 年 12 月初版。

31. 邱瑗、楊忠衡：《歌劇魅影：解讀面具與歌劇背後的魔幻世界》，臺北：

國立中正文化中心，2006 年 01 月初版。

32. 俞翔峰：《西方戲劇探源》，幼獅文化事業股份有限公司，2009 年 09 月初版。

33. 姚一葦：《戲劇原理》，臺北：書林出版有限公司，2004 年 02 月二版。

34. 施如芳：《願結無情遊》，臺北：聯合文學出版社股份有限公司，2010 年 11 月初版。

35. 胡耀恆：《戲劇欣賞》（上／下），臺北縣：國立空中大學，1988 年初版。

36. 段馨君：《跨文化劇場：改編與再現》，新竹：國立交通大學，2009 年初版。

37. ───《凝視臺灣當代劇場：女性劇場、跨文化劇場與表演工作坊》，臺北縣：Airiti Press Inc.，2010 年 04 月初版。

38. ───《西方經典在臺灣劇場：改編與轉化》，新竹：國立交通大學出版社，2012 年 06 月初版。

39. ───《戲劇與客家：西方戲劇影視與客家戲曲文學》，臺北：書林出版有限公司，2012 年 06 月初版。

40. 紀蔚然：《現代戲劇敘事觀：建構與解構》修訂再版，臺北：書林出版有限公司，2007 年 01 月。

41. 孫惠柱：《戲劇的結構與解構》，臺北：書林出版有限公司，2006 年 05 月初版。

42. 高行健、方梓勳：《論戲劇》，臺北：聯經出版事業股份有限公司，2010 年 04 月初版。

43. 陸潤棠：《中西比較戲劇研究》，臺北：駱駝出版社，1998 年 06 月初版。

44. 徐亞湘：《史實與詮釋：日治時期臺灣報刊戲曲資料選讀》，宜蘭：國立臺灣傳統藝術總處籌備處，2009 年 04 月初版。

45. 馬森：《西潮下的中國現代戲劇》，臺北：書林出版有限公司，1994 年。

46. 張夷等：《音樂劇魅影》，臺北：明天國際圖書有限公司，2006 年 01 月初版。

47. 張育華：《戲曲之表演功法：以崑京表演藝術為範疇》，臺北：國家出版社，2010 年 06 月初版。

48. 張啓豐：《涵容與衍異：臺灣戲曲發展的觀察論述》，臺北：國立臺北藝術大學，2011 年 10 月初版。

49. 陳芳：《戲曲易容術專題》，臺南：臺南人劇團，2010 年 02 月初版。

50. ───《「莎戲曲」：跨文化改編與演繹》，臺北：國立臺灣師範大學出版中心，2012 年 06 月初版。

51. 陳耕、曾學文：《百年坎坷歌仔戲》，臺北：幼獅，1995 年初版。

52. 陳玫惠：《曲韻悠揚：臺灣傳統戲曲歌仔戲》，臺北：麗文文化事業股份有限公司，2010 年 11 月初版。

53. 陳培仲：《當代戲曲論叢》，臺北：國家出版社，2011 年 01 月初版。

54. 陳艷秋：《胭脂紅：唐美雲的美麗與哀愁》，臺北：知識領航，2005 年初版。

55. 曾永義：《臺灣歌仔戲的發展與變遷》，臺北：聯經出版事業公司，1988 年 05 月。

56. ———《中國古典戲劇的認識與欣賞》，臺北：正中書局，1991 年 11 月初版。

57. ———《戲曲本質與腔調新探》，臺北：國家出版社，2007 年 07 月初版。

58. ———《古典戲曲與崑曲藝術論》，臺北：國家出版社，2011 年 10 月初版。

59. 曾永義、施德玉：《地方戲曲概論》（上／下），臺北：三民書局股份有限公司，2011 年 11 月初版。

60. 張靜二：《西洋戲劇與戲劇家》，翰蘆圖書出版有限公司，2002 年 03 月再版。

61. 黃英雄：《編劇高手》，臺北：書林出版有限公司，2003 年 10 月初版。

62. 黃美序：《戲劇欣賞：讀戲‧看戲‧談戲》臺北：三民書局股份有限公司，2011 年 09 月三版。

63. ———《戲劇的味／道》，臺北：五圖書出版古份有限公司，2007 年。

64. 黃愛華：《從傳統到現代：多維視野中的中國戲劇研究》，北京：人民文學出版社，2009 年 12 月初版。

65. 葉長海：《中國戲劇研究》，福州：福建人民出版社，2006 年 01 月初版。

66. ———《葉長海曲論自選集》，臺北：國家出版社，2011 年 12 月初版。

67. 焦桐：《臺灣戰後初期的戲劇》，臺北：臺原，1990 年。

68. 楊渡：《日劇時期臺灣新劇運動（一九二三～一九三六)》，臺北：時報文化，1994 年 08 月初版。

69. 楊馥菱：《臺灣歌仔戲史》，臺中：晨星出版社，2002 年。

70. 廣田律子、王汝瀾譯：《「鬼」之來路：中國的假面與祭儀》，北京：中華書局，2005 年 09 月初版。

71. 蔡欣欣：《臺灣歌仔戲史論與演出評述》，臺北：里仁書局，2005 年 09 月初版。

72. ———《臺灣戲曲研究成果述論「1945～2001」》，臺北：國家出版社。

73. ———《臺灣戲曲景觀》，臺北：國家出版社，2011 年 01 月初版。

74. 慕羽：《百老匯音樂劇》，臺北：大地出版社，2004 年 05 月初版。

75. 劉奇玉：《古代戲曲創作理論與批評》，北京：中國社會科學出版社，2010年 06 月初版。

76. 劉彥君：《從傳統到現代：戲曲本質論集》，臺北：國家出版社，2009 年 11 月初版。

77. 劉效鵬：《亞里斯多德詩學論述》，秀威資訊科技股份有限公司，2010 年 06 月初版。

78. 劉慧芬：《京劇劇本編撰裡論與實務》，臺北：文津出版社有限公司，2005 年 03 月初版。

79. ———《原創與實：戲曲劇本創作新實踐》，臺北：文津出版社有限公司，2010 年 03 月初版。

80. ———《戲曲劇本編撰三部曲：原創、改編、修編》，臺北：文津出版社有限公司，2010 年 03 月初版。

81. 戴雅雯；呂健忠譯：《做戲瘋，看戲傻：十年所見臺灣劇場的觀眾與表演（1988~1998）》，臺北：書林出版有限公司，2000 年 07 月初版。

82. 鍾明德：《從寫實主義到後現代主義》，臺北：書林出版有限公司，1995 年 10 月初版。

83. ———《繼續前衛：尋找整體藝術和當代臺北文化》，1996 年 07 月初版。

84. 藍凡：《中西戲劇比較論》，上海：學林出版社，2008 年 12 月初版。

三、心理學、符號學專書

1. Alice Morgan；陳阿月譯：《從故事到療癒：敘事治療入門》，臺北：心靈工坊，2008 年 08 月初版。

2. Amia Lieblich, Rivka Tuval-Mashiach, Tamar Zilber；吳芝儀譯：《敘事研究：閱讀分析與詮釋》，濤石文化事業有限公司，2008 年 03 月初版。

3. David Fontana；何盼盼譯：《象徵的名詞：進入象徵意義的視覺之鑰》，臺北：米納貝爾出版公司，2003 年 07 月初版。

4. David J. Robinson；唐子俊、唐慧芳、李珣譯：《失序的人格：人格疾患的評估與治療》，臺北：五圖書出版股份有限公司，2007 年 01 月初版。

5. Jane Speedy；洪媄琳譯：《敘事研究與心理治療》，臺北：心理出版社股份有限公司，2010 年 03 月初版。

6. Michael Argyle；施建彬、陸洛譯：《幸福心理學》，臺北：巨流圖書，1997 年。

7. Miranda Bruce-Mitford & Philip Wilkinson；李時芬、林淑媚譯：《符號與象徵：圖解世界的秘密》，臺北：時報文化出版企業股份有限公司，2009 年 01 月初版。

8. Michele L. Crossley；朱儀羚等譯：《敘事心理與研究：自我、創傷與意

義的建構》，濤石文化事業有限公司，2004 年 08 月初版。

9. Michael Franz Basch：《易之新譯：心理治療入門》。

10. Phil Jones：《戲劇治療》。

11. Renée Emunah：陳凌軒譯：《從換幕到眞實：戲劇治療的歷程、技巧與演出》。

12. Richard J. Gerrig, Philip G. Zimbardo：游恆山譯：《心理學》，臺北：五圖書出版有限公司，2010 年 05 月五版。

13. Robert J. Landy：李百麟等譯：《戲劇治療：概念、理論與實務》。

14. Sigmund Freud：彭舜譯：《精神分析引論》，左岸文化事業有限公司，2010 年 05 月二版。

15. Sigmund Freud：楊韶剛譯：《超越快樂原則》，臺北：米娜貝爾出版公司，2000 年 09 月初版。

16. 王溢嘉：《精神分析與文學》，臺北：野鵝出版社，1999 年 11 月初版。

17. 王國芳、郭本禹：《拉岡》，臺北：生智文化事業有限公司，2010 年 01 月初版。

18. 楊照：《頹廢、壓譯與昇華：解析《夢的解析》》，臺北：左岸文化事業有限公司，2010 年 06 月初版。

四、其他專著

1. Ale Erjavec 主編：劉悦笛、許中云譯：《全球化的美學與藝術》，成都：四川人民出版社，2010 年 01 月初版。

2. Em Griffin：陳柏安等譯：《傳播理論》，臺北：五圖書出版股份有限公司，2006 年 12 月初版。

3. 尹章義：《臺灣開發史》（臺北：聯經，1989 年）。

4. 王德威：〈異象與異化，異性與異史〉，載於施叔青《微醺彩妝》，臺北：麥田出版社，1999 年。

5. 洪泉湖等《臺灣的多元文化》，臺北：五圖書出版股份有限公司，2005 年 03 月初版。

6. 邱宜文：《巫風與九歌》，臺北：文津出版社，1996 年 08 月初版。

7. 薛化元：《臺灣開發史》修訂二版，臺北：三民書局股份有限公司，2003 年初版。

8. 曾永義：《俗文學概論》，臺北：三民書局股份有限公司，2003 年 06 月初版。

9. 陳其南：《臺灣的傳統中國社會》，臺北：允晨文化實業股份有限公司，1987 年 03 月初版。

10. 陳芳明：《殖民地摩登：現代性與臺灣史觀》，臺北：麥田出版，2011 年 09 月二版。

11. 陳鴻圖：《臺灣史》，修訂二版，臺北：三民書局股份有限公司，2007 年 03 月二版。

12. 傅錫壬：《新譯楚辭讀本》，臺北：三民書局股份有限公司，2007 年 10 月三版。

13. 黃俊傑：《臺灣意識與臺灣文化》，臺北：國立臺灣大學出版中心，2009 年 03 月初版。

14. 黃瑞祺編：《現代性 後現代性 全球化》新店：左岸文化，2003 年 02 月初版。

15. 蒲慕州：《鬼魅神魔：中國通俗文化側寫》，臺北：麥田出版社，2005 年初版。

16. 劉千美：《差異與實踐：當代藝術哲學研究》，臺北：立緒文化事業有限公司，2001 年 01 月初版。

17. 劉昌元：《西方美學導論》，聯經出版事業股份有限公司，1994 年 06 月二版。

18. 劉清虔：〈臺灣民間信仰的「神明論」〉，載於《神‧人‧生死》，臺南：人光出版，2003 年初版。

19. 羅秀美：《隱喻‧記憶‧創意：文學與文化研究新論》，臺北：萬卷樓圖書股份有限公司，2010 年 01 月初版。

五、期刊／研討會論文

1. 王安祈：〈「戲曲小劇場」的獨特性——從創作與觀賞經談起〉，《戲劇學刊》9，2009 年 01 月。

2. 呂健忠：〈臺灣劇場改編現象的近況〉，《中外文學——當代臺灣劇場再探》第 23 卷 07 期，1994 年。

3. 張啓豐：〈由雅音小集《再生緣》看臺灣京劇新編戲的人物形象塑造與表演版本衍異〉，《2011 跨越與實踐：戲曲表演藝術學術研討會論文集》（中國文化大學中國戲劇系），臺北：文津出版社，頁 1～29。

4. 陳淑芬：〈莎士比亞翻譯與「跨文化劇場」交流——以台南人劇團「莎士比亞工作坊《奧賽羅》呈現爲例〉，《文山評論：文學與文化》，第 2 卷第 1 期，2008 年。

5. 楊馥菱：〈歌仔戲的跨文化編創——談梨園天神的兩次創作〉，《2011 年跨越與實踐：戲曲表演藝術學術研討會論文集》（中國文化大學中國戲劇系），臺北：文津出版社，頁 31～58。

6. 劉南芳：〈追求戲曲藝術的個性：臺灣歌仔戲發展上的幾個基礎〉，《當代》

13:131，1998 年 07 月。

7. 謝筱玫：〈從精緻到胡撇：國族認同下的臺灣歌仔戲論述〉，《民俗曲藝》
155，2007 年 03 月。

六、學位論文

1. 方尹綸：〈臺灣當代劇場跨文化改編研究（2000～2009）〉，國立臺灣藝術
大學戲劇與劇場應用學系碩士學位論文，2010 年 06 月。

2. 黃千凌：〈當代臺灣戲曲跨文化改編（1981～2001）〉，國立臺灣大學戲劇
研究所碩士論文，2001 年 06 月。

七、影音資料

1. 《梨園天神》，唐美雲歌仔戲團製作發行，武童文化，1999 年。

2. 《梨園天神桂郎君》，唐美雲歌仔戲團製作發行，武童文化，2006 年。

3. 《歌劇魅影》（電影），中藝國際影藝股份有限公司發行，2005 年。

4. 《歌劇魅影》（音樂劇），傳訊時代多媒體發行，2012 年。

5. 《歌劇魅影影音魅力典藏盤》，海揚音樂唱片公司發行。